novum premium

Liliane Wagner

GEHEIMTIPPS

So kriege ich meinen Traummann

novum premium

Bibliografische Information
der Deutschen Nationalbibliothek:

Die Deutsche Nationalbibliothek
verzeichnet diese Publikation in
der Deutschen Nationalbibliografie.
Detaillierte bibliografische Daten
sind im Internet über
http://www.d-nb.de abrufbar.

ISBN 978-3-903067-49-3
Lektorat: Stefanie Krüger
Umschlagfoto:
Subbotina | Dreamstime.com
Umschlaggestaltung, Layout & Satz:
novum Verlag

Gedruckt in der Europäischen Union
auf umweltfreundlichem, chlor- und
säurefrei gebleichtem Papier.

www.novumverlag.com

Inhaltsverzeichnis

Einleitung 9

1. Verbessern Sie Ihre Chancen 11
Das Ziel verfolgen 13
Glückliche Menschen sind anziehend 16
Immer optimistisch bleiben,
auch wenn eine Zeit lang Funkstille herrscht 19
Sich den Traummann wünschen 22
Behandeln Sie alle Männer gleich 25
Seien Sie nie zynisch 27
So tun als ob 30
Eine Traumfrau kennt ihren Wert 31
Geben Sie Acht auf sich 33
Eine lebenslustige Frau ist sexy 35

2. Wie tickt ein Mann? 39
Er ist der Held! 41
Die falsche Illusion vom Traummann 43
Testen Sie die Männer 45
Aufgepasst von dieser Sorte von Männern 49
Wieso melden Männer sich plötzlich nicht mehr? 52
Affäre oder Beziehung? 55

3. Tricks und Gelegenheiten,
um Männer kennenzulernen 59
Nutzen Sie jede Gelegenheit 61
Flirten Sie mit Blickkontakt und einem Lächeln! 62
So machen Sie ihn verrückt,
und er wird Sie um ein Treffen bitten! 65
Lachen Sie über seine Witze, seien Sie fröhlich 71
Er soll Ihnen den Hof machen, lassen Sie es zu 72
Online-Dating 77
Warum wir nicht anrufen sollten 80

4. Geheimtipps für die ersten drei Dates 83
Nicht die Zeit in die Länge ziehen 93
Bleiben Sie geheimnisvoll,
erzählen Sie so wenig wie möglich über sich 94
Er bezahlt, das ist wohl klar! 98
Dankbarkeit lohnt sich immer 99
Wie Sie auf Fragen reagieren können 100

5. Verhaltensregeln,
wenn die Beziehung gefestigt ist 103
Erst sind Sie viel da … dann machen Sie sich rar 105
Bewahren Sie Ihre feminine Art 110
Nie ganz erobern lassen 111
Gelassenheit wird belohnt 116
Starke Frauen lassen sich nie schlecht behandeln 119
Beenden Sie eine Beziehung,
die nicht vorwärts geht 125
Seien Sie eine Herausforderung 131
Der Kampf „Frauen gegen Männer“ 133
Seien Sie nicht immer verfügbar 135
Warten lohnt sich 137
Was verträgt ein Mann? 144
So werden Sie von ihm wieder beachtet 166
Nicht beeinflussen lassen 173
Er macht Schluss 175
Heiratsantrag 179
Genießen Sie es, wenn er viel investiert 181

Belohnung für die Einhaltung
der Geheimtipps 185

Ein Buch für Frauen

Wie Sie garantiert Männer kennenlernen
und erfolgreiche Dates haben:
die Grundlagen für eine erfolgreiche und befriedigende Beziehung

Liliane Wagner

Einleitung

Es geschehen immer wieder die gleichen Dinge. Der Mann spricht Sie an, Sie haben ein schönes Date. Aber dann hören Sie einfach nichts mehr von ihm. Er reagiert nicht auf Ihre SMS oder vertröstet Sie immer wieder mit solchen Aussagen wie: Er hätte so viel um die Ohren. Was ist geschehen?

Wieso hatte er am Anfang so viel Interesse und dann auf einmal doch nicht mehr?

Warum melden sich ausgerechnet die Männer nicht, die Ihnen am besten gefallen?

Wie wird ein Mann verrückt nach Ihnen?

Das habe ich mich immer wieder selber gefragt und ich weiß, dass es Millionen von Frauen gibt, denen es gleich ergeht. Durch genaue Beobachtung und Analyse fand ich heraus, wie die Männer verrückt nach einer Frau wurden, mit ihr eine glückliche Beziehung führten und sie schlussendlich heirateten. Gleichzeitig beobachtete ich Frauen, die lange Singles waren oder erfolglose Beziehungen hatten. Ich lernte eine Menge auch durch meine Fehler. Durch meine Erkenntnisse habe ich dann schließlich meinen Traumpartner gefunden. Nun möchte ich mein Erfolgskonzept weitergeben.

In meinem Buch gebe ich Tipps für mehr Erfolg bei den Männern und ich zeige verschiedene Möglichkeiten, was Sie antworten können. Natürlich sind das nur Beispiele, die eine neue Richtung anzeigen, wie Sie sich in bestimmten Situationen verhalten können. Das heißt nicht, dass Sie es ganz genau so machen sollen, es muss zu Ihnen passen – so, dass es zu ihrer Persönlichkeit passt. Wenn Sie bereit sind und den Glauben an eine wunderbare Beziehung besitzen, so werden Sie auch die schönen Ergebnisse ernten.

Vielmals ist es so, dass wir einem Mann hinterherjagen, der einfach nicht so sehr an uns interessiert ist. Und genau die Männer, an denen wir kein Interesse haben, sind hinter uns her. Warum bleiben gut aussehende, intelligente Frauen Singles? Warum kriegen die Frauen, die auf den ersten Blick nicht besonders auffallen, die besten Männer ab? Warum werden bildhübsche Frauen verlassen oder schlecht behandelt? Nun, dem liegen gewisse Prinzipien zugrunde, wie zum Beispiel: dem Mann die Führung überlassen, nicht einem Mann hinterherlaufen, nicht sagen, was ein Mann zu tun hat, nicht zu viel von sich preisgeben und in erster Linie sich selber lieben. Immer etwas geheimnisvoll bleiben und ein eigenes Leben führen, auch in einer Beziehung. Mit diesem Grundsatz können Sie das beste Ergebnis herausholen und sich vor Verletzungen und Ausnutzung schützen. Mit meinen Tipps sind Sie zufriedener als je zuvor, weil es schneller für Sie erkennbar ist, wer wirklich an Ihnen interessiert ist.

Wir laufen den Männern nicht hinterher, wir sagen einem Mann nicht, was er tun soll und wir überlassen ihm die Führung!

1.

Verbessern Sie Ihre Chancen

Das Ziel verfolgen

Um den perfekten Partner in unser Leben zu ziehen, müssen wir für uns selber eigene Strategien aufstellen! Wir Frauen lassen uns zu sehr von unserer Verliebtheit leiten und dadurch gehen wir häufig unüberlegt eine Beziehung mit einem Mann ein. Auch auf das Bauchgefühl müssen wir hören. Auf das ist am meisten Verlass. Um uns vor großen Enttäuschungen zu schützen, ist es darum wichtig, einmal inne zu halten und sich nur auf das Bauchgefühl zu konzentrieren. Haben Sie ein gutes Gefühl? Dann machen Sie sich Gedanken, was für Sie eine Beziehung ausmacht, über andere Dinge machen wir uns schließlich auch Gedanken. Die Männer haben auch ein Ziel: *Wie kriege ich sie am schnellsten ins Bett?* Möchten wir eine Beziehung, müssen wir uns zuerst überlegen: Was wünsche ich mir für eine Beziehung, wie soll der Partner sein, gibt es gemeinsame Ziele und wo kann ich ihn finden? Das ist ein Grundprinzip, um an den richtigen Partner heranzugehen. Nur so finden Sie jemanden, mit dem Sie eine langfristige Beziehung führen können und Sie geraten somit nicht mehr so schnell an den Falschen. Machen Sie sich mal Notizen, was Sie sich für einen Mann an Ihrer Seite wünschen. Somit ist Ihr Blickwinkel um einiges klarer und Sie lassen sich nicht nur durch Ihre Gefühle leiten und geraten nicht auf Abwege, indem Sie sich mit einem Mann zu sehr beschäftigen oder sich in ihn verlieben, der so gar nicht zu Ihrer Vorstellung von einer Liebesbeziehung passt. Insgeheim wissen oder spüren wir es, wenn ein Mann nicht so gut zu uns passt, und trotzdem gehen wir eine Beziehung ein, nur weil eine gewisse Anziehung da ist. Innerlich wissen wir, er verhält sich nicht so, wie wir es uns wünschen und wir ahnen insgeheim, dass diese Beziehung in einem Desaster enden wird. Aber warum gehen dann so viele Frauen trotzdem solch eine Beziehung ein? Weil wir verliebt sind und alles rundherum nicht mehr wahrnehmen. Schätzen wir unseren Wert, ist die Wahrscheinlichkeit wesentlich höher, Männer zu gewinnen, die unsere Bedürfnisse erfüllen. Nur so können wir mit einem Mann eine glückliche Beziehung eingehen. Wenn Sie ein Ziel haben und wissen, was Sie sich wünschen, können Sie sich gar nicht mehr so schnell in einen Mann verlieben, weil Ihnen klar ist, wer zu Ihnen passt! Sie merken dabei sehr genau, wer zu Ihnen gehört und wer eben nicht. Kommt dieser Mann in Ihr Leben, der mit dem übereinstimmt was Sie sich vorstellen, werden Sie ein so unglaublich starkes Gefühl verspüren, wie Sie es vorher noch nie hatten. Sie sind sich dann so sicher wie nie zuvor, dass er der Richtige ist. Machen Sie sich also eine Liste mit Ihren Ziele und Wünsche für eine Beziehung.

Die Liste:
Was ist mein Ziel in einer Beziehung?
Was ist für mich wichtig? Bescheidenheit ist hier fehl am Platz!

Wir sollten auf die maximale Anerkennung aus sein; halbe Sachen, die uns unzufrieden stimmen, werden nicht akzeptiert. Haben wir Ziele, werden wir immer zuversichtlicher, das zu erreichen, was wir wollen. Warum? Weil wir immer besser und sicherer werden in unseren Handlungen und wir werden uns klar darüber, wie es aussehen soll, wenn ein „echter Bewerber" und nicht ein unentschlossener, hin und her gerissener NICHT-Kandidat auf uns zukommt.

Wir alle wünschen uns insgeheim einen Partner fürs Leben, der ähnlich denkt, der uns zur Seite steht, der uns respektiert so, wie wir sind, der uns begehrt und liebt. Und dennoch gibt es so viele Singles wie noch nie. Viele machen den Fehler, zu verbissen nach einem Partner zu suchen, aber genau dann, wenn man etwas hinterherjagt, rennt es uns davon. Aus diesem Grund werden wir unzufrieden mit dem jetzigen Zustand, fühlen uns einsam, alleine, abgewiesen, was bis zur Verzweiflung führt. Single-Frauen reden über ihre Unzufriedenheit mit Freundinnen, mit Kollegen und sogar mit Männern, die sie erst kürzlich kennengelernt haben. Und gerade weil sie sich mit dem Thema so beschäftigen, wird dieser Zustand manifestiert und sie verlieren von Tag zu Tag immer mehr die Hoffnung, doch noch den Richtigen zu finden. Nun wird diese Einstellung aber auch unbewusst an Ihre Mitmenschen gesendet und Sie ziehen damit solche Männer an, die ebenfalls einsam und unzufrieden sind. Wenn Sie sehr verbissen an die Suche nach einem Partner herangehen, strahlen Sie nicht diese Lockerheit aus, die aber für jemand anderen so anziehend sein kann. Der ideale Partner ist für uns mit Sicherheit derjenige, der unserer Persönlichkeit und Einstellung am ähnlichsten ist. Dies bedeutet also, die Struktur unserer Persönlichkeit gibt das Ergebnis bei der Partnerwahl vor und damit auch der Inhalt der Beziehung. Die größte Anziehung haben wir auf Menschen, die unseren eigenen Eigenschaften am meisten entsprechen. So ziehen wir zwangsläufig die Partner an, die uns im Positiven wie im Negativen entsprechen. Fühlen wir uns schwach und verletzlich, interessiert sich jemand für uns, der es auch ist oder bei dem wir das Gefühl haben, er gebe uns mehr Kraft. Hat uns die Vergangenheit gelehrt, am besten keine Gefühle zuzulassen, so werden wir eher in einer Beziehung landen, in der es nicht allzu viel Nähe gibt. Geht diese unzufriedene Beziehung dann auseinander und wir werden verletzt, werden wir noch weiter bestärkt in unserer Einstellung, keine Nähe zuzulassen. Solange wir uns nicht mit uns selbst beschäftigen können und alles überdenken, was wir an uns verbessern können, um glücklich zu sein, werden wir immer Partner anziehen, bei denen wir mit diesem Mangel konfrontiert werden. Dieser Konflikt zwingt uns entweder, die Flucht zu ergreifen oder aber über den eigenen Schatten zu springen um sich hinterfragen, was los ist und wie man sich selbst und seinen Mitmenschen gegenüber mehr Vertrauen entgegenbringen kann.

Ich habe schon von vielen Frauen gehört, die sagten: *Ich gerate immer an den Falschen.* Wieso das so ist, hat etwas mit der eigenen Einstellung zu sich selbst zu tun und den Erwartungen an den anderen. Darum ist es in erster Linie äußerst wichtig, dass Sie auch an sich selber arbeiten und bereit sind, sich positiv zu verändern. Schließlich ziehen Sie immer solche Leute an die, auch zu Ihnen passen. Nicht umsonst heißt es: Gleiches zieht immer Gleiches an.

Wenn Sie in letzter Zeit öfter die FALSCHEN angezogen haben, dann wird es Zeit, etwas zu ändern!

Nun, wie kommen Sie aus diesem Kreislauf heraus?

Um Ihren Schattenseiten und Erwartungen möglichst schnell auf die Spur zu kommen, habe ich eine kleine Übung für Sie. Beenden Sie die Sätze, ohne lange nachzudenken. Das Erste, was Ihnen einfällt, sind immer die tiefsten Gefühle und richtig:

- Die letzte Beziehung ging in die Brüche, weil …
- Ich möchte eine Partnerschaft, weil …
- Ich möchte nie wieder erleben, dass …
- Ich habe Angst vor …
- Ich finde an Partnerschaften schlecht …
- Die Männer sind …

Welchen Satz haben Sie negativ beendet? Und wieso? Haben Sie schlechte Erfahrungen gemacht? Vor was haben Sie Angst? Schlechte Erfahrungen sind dazu da, um zu lernen und um danach zu überdenken, was man das nächste Mal besser machen kann.

Sind Sie wirklich bereit für eine neue Beziehung, oder haben Sie tief im Inneren immer noch Angst? Überdenken Sie die Sätze, die Sie negativ beantwortet haben und überlegen sich, wieso Sie diese Einstellung haben.

Um bereit für eine neue, glückliche Beziehung zu sein, müssen Sie Ihre Angst und Ihre negative Einstellung überwinden. Sonst ziehen Sie immer wieder solche Männer an, die diese Angst unterstützen. Wenn Sie Angst haben, Sie genügen ihm nicht, strahlen Sie genau das einem Mann gegenüber aus, bis er selbst davon überzeugt ist. Sie spiegeln den anderen Menschen genau das, was Sie aussenden.

Glückliche Menschen sind anziehend

Versetzen Sie sich in einen GLÜCKLICHEN Zustand, so scharen sich auf einmal viele Männer um Sie.

Jeder kennt solche Frauen, die alles bekommen, was sie wollen – es scheint so, als ob sie ohne Anstrengung alles kriegen. Sie haben einen Mann, der sie auf Händen trägt, der sie mit bewunderndem Blick anschaut, dabei sehen sie nicht mal so speziell gut aus, mehr wie der Durchschnitt, eben wie das Mädchen von nebenan. Dann fragen wir uns: Was hat sie, was ich nicht habe? Wieso scheint bei ihr alles so einfach zu laufen? Und wieso werden im Gegenzug bildhübsche Frauen immer wieder in einer Beziehung enttäuscht, schlecht behandelt und sitzen gelassen? Die Frauen, die voller Zuversicht und ohne Selbstzweifel eine Beziehung eingehen, werden ihre Beziehung auch als schön erleben. Diese Frauen haben das Vertrauen, dass sie geliebt werden und nur an gute Männer geraten, die sie gut behandeln. Diese Frauen bringen durch ihre Einstellung etwas Positives in die Beziehung ein. Wenn Sie also auch Positives geben, bekommen Sie das gleiche zurück. Wenn Sie Negatives geben, bekommen Sie auch Negatives zurück. Genau so, wie Sie fühlen und denken, kommt es automatisch und präzise zu Ihnen zurück wie ein Echo. Es sind Ihre Gedanken, die entscheiden, ob Ihre Taten für Sie negativ ausfallen. Sie können Ihr Leben zum Positiven verändern, wenn Sie Ihre Gedanken und Gefühle in neue Bahnen lenken. Sie sind selbst verantwortlich für Ihr Glück, es sind nicht die anderen, die Ihnen etwas Schlechtes zufügen. Die meisten Menschen reden und denken viel mehr über Dinge nach, die sie stören und die sie nicht wollen als über das, was sie sich wünschen. Diese Menschen merken nicht mal, wenn ihnen jemand etwas Gutes getan hat, weil sie sich immer im Nachteil fühlen. Um glücklicher zu werden, sprechen und denken Sie also mal nur über Dinge, die Ihnen Freude bereiten und Sie werden sich wundern, wie schnell Ihnen Gutes passiert. Wir lassen den Berg an Schlechtem anwachsen, wenn wir über einen schlimmen Vorfall in den Nachrichtern reden, über einen Menschen herziehen, der uns geärgert hat oder uns über das Wetter beschweren. Dann bringen Sie sich nämlich in das schlechte Gefühl ein. Sprechen Sie also stattdessen lieber über die guten Geschehnisse des Tages, über das tolle Restaurant, dass Sie entdeckt haben, über die Freunde, die Ihnen gut tun, über lustige Dinge, die Sie erlebt oder gesehen haben. **Menschen, die ein großartiges Leben führen, sprechen und denken mehr über das, was sie lieben.**

Wenn Sie glücklich sind, fühlen Sie sich ganz einfach begehrenswert. Und genau DAS übt auf alle Männer Anziehungskraft aus. Vielleicht verstehen Sie jetzt auch, warum ich immer wieder betone und es so wichtig ist, alles dafür zu tun, um glücklich zu sein, und zwar unabhängig von Ihrem Liebesleben. Dabei ist es völlig egal, ob Sie sich in der Phase der ersten Verliebtheit befinden oder ob Sie schon 20 Jahre verheiratet sind.

Eine Frau, die überglücklich ist, geht mit ihren Mitmenschen charmant und liebenswert um. Sogar dem eigentlich unerträglichen und verbitterten Arbeitskollegen schenkt sie ein paar nette Worte und er denkt sich insgeheim: „Wow, sie ist ein wirklich liebenswerter Mensch." und selbst er fühlt sich auf unerklärliche Weise zu ihr hingezogen.

Wie wäre es, wenn Sie sich die meiste Zeit glücklich fühlen würden? Wenn Sie sich begehrt fühlen würden? Lassen Sie dieses Gefühl doch mal in Ihr Leben eintreten, tun Sie einfach so als ob, fangen Sie jetzt an, den guten Dingen in Ihrem Leben mehr Gewicht zu geben, bis der Zeitpunkt kommt, an dem Sie Ihre innere Einstellung so zum Positiven verändern hat, dass Sie tatsächlich glücklicher in die Welt hinausgehen.

Die ganz glücklichen Menschen haben immer eine tiefe Dankbarkeit in sich! Wenn wir nämlich aus tiefstem Herzen Dankbarkeit empfinden, können in diesem Moment keine schlechten Gefühle aufkommen.

Sie können dankbar sein für ihr Zuhause, dass Sie eine Familie haben, für Ihre Freunde, dass Sie als Frau so viel Freiheit haben. Seien Sie dankbar für die Pflanzen und Tiere, ohne diese könnten wir nicht überleben, dankbar für die Sonne, den Schnee, die Wärme und den Regen, der dafür sorgt, dass wir genug Wasser haben, dankbar auch für unsere Nahrung und dass Sie fließendes Wasser im Haushalt haben. Sie können auch dankbar sein für Ihre Gesundheit, für Ihre Leistungen und so weiter. Wenn Sie für jedes kleinste Detail dankbar sind, dann werden Sie mehr Zufriedenheit in Ihrem Leben empfinden.

Machen Sie jeden Tag eine Liste mit 10 Dingen für die Sie dankbar sind und halten Sie bei jeder Formulierung kurz inne und fühlen Sie sich in diese Dankbarkeit hinein.

Hier ein paar Beispiele, was Sie aufzählen könnten:
Ich bin dankbar, dass ich so liebe Freunde habe.
Ich bin dankbar, dass ich ein Zuhause habe.
Ich bin dankbar, dass ich so schöne Haare habe.
Ich bin dankbar, dass ich einen gesunden, schönen Körper habe.

Haben Sie diese Übung absolviert, sollten Sie wesentlich glücklicher sein. Fühlen Sie sich mal nicht so gut, können Sie immer wieder diese Übung machen.

Immer optimistisch bleiben, auch wenn eine Zeit lang Funkstille herrscht

Vielleicht sind Sie schon jahrelang Single, möchten einfach mal zur Ruhe kommen und sind es leid, jedes Wochenende auszugehen und ins Universum zu lächeln. Sie haben keine Geduld mehr – aber geben Sie nicht auf! Verzweifeln Sie nicht und behalten Sie stattdessen den Glauben, dass Ihr Traumpartner kommen wird. Es gibt immer mal Trockenperioden, aber wenn Sie Ihre Aufmerksamkeit auch auf Ihre Verehrer richten und nicht nur auf den (total unerreichbaren) Traummann fokussieren, fühlen Sie sich gleich viel begehrter. In solchen trockenen Zeiten rate ich, sich viel mehr auf Dinge zu konzentrieren, die Sie glücklich machen und sich auch weiterhin so viel wie möglich in Situationen zu begeben, in denen Männer Notiz von Ihnen nehmen können. Auch wenn es nicht der Fall ist, tun Sie so, als ob Sie ein aufregendes Leben haben! Die Männer, die Sie treffen, werden nichts über Ihre Unzufriedenheit als Single erfahren, weil Sie immer so tun, als hätten Sie am laufenden Band Männer, die sich um Sie bemühen.

Ein Mann, den Sie gerade kennengelernt haben, kann es nicht nachvollziehen, dass Sie noch Single sind, er schaut Sie erstaunt und mit Argwohn an und sagt: „Nie verheiratet … attraktiv, gebildet, aber noch Single? Wie kommt das? Warum?" „Ich weiß es nicht. Ich habe noch nicht die richtige Person gefunden, nehme ich an." Sie lächeln und geben dazu keinen weiteren Kommentar mehr ab. Was der Mann wissen sollte, haben Sie mit dieser Auskunft gesagt. Sie sollten weder bei Ihren Bekannten noch bei einem Mann erwähnen, wie sehr Sie sich nach einem Partner sehnen, wie verzweifelt Sie sind, wie satt Sie es haben, Single zu sein und solche Fragen sowieso hassen, und dass Sie es bald aufgeben oder sich überlegen, ins Kloster zu gehen. Umso positiver Sie sind, umso mehr Chancen haben Sie.

Sind Sie lange alleine, stehen Sie vielmals unter Druck, weil die Freunde und Familie ständig nachfragen, wann es denn endlich wieder einen Mann an Ihrer Seite gibt. Und gewisse Freunde schauen Sie vielleicht schon mit einem merkwürdigen Blick an, der aussagen möchte: „Mit der stimmt doch etwas nicht." Oder Sie hören vielleicht von der Familie, dass Sie sich mal beeilen sollen, einen Partner zu finden, wenn Sie noch Kinder wollen. Und so stehen Sie schon unter Druck. Wenn etwas nicht der Norm entspricht, wird man von der breiten Masse schon beurteilt, es sei nicht normal, man müsse sich doch anders verhalten. Lassen Sie sich von anderen nicht unter Druck setzten. Andere gehen vielleicht eine Beziehung ein, weil sie vom Alter her unter Druck stehen eine Familie zu gründen, weil es der Norm entspricht zu heiraten, weil es von ihnen erwartet wird, ohne sich zu überlegen, was sie eigentlich wollen, ohne sich Gedanken zu machen, ob es der Partner ist, der wirklich so gut zu ihnen passt. Wenn Sie seit Jahren Single sind, ist das kein Unglück. Nur wer glücklich mit sich selber sein kann und das Single-Dasein dazu benutzt, um selber zu reifen und sich selber zu lieben, der kann auch in einer Beziehung glücklich sein und den anderen lieben, weil er den Partner nicht braucht. Viele denken, sie brauchen einen Partner, um glücklich zu sein. Wenn man aber jemanden anderen zu seinem Glück braucht, dann wird man auch mit dem anderen nicht zu seiner Zufriedenheit finden.

Ich weiß, man muss geduldig sein, wenn man wählen soll zwischen „Mann 1, der nicht anruft", „Mann 2, der nicht nach einem Date fragt" und all den nicht in Frage kommenden Verehrern, die minimal ein „Smiley" pro SMS schreiben. Das kann schon entmutigend sein, und auch wenn wir glücklich und voll beschäftigt sind, gibt es Momente, in denen die Aussichten bei null sind. Denken Sie nicht zu viel über Ihre Situation nach. Verlieren Sie dadurch nicht den Mut, weiterzumachen. Im Gegenteil, seien Sie froh, durch meine Tipps lernen Sie Ihren eignen Wert zu schätzen. Und so kommen Sie gar nicht erst dazu, sich in einen Mann zu verlieben, der nicht wirklich an Ihnen interessiert ist, und ersparen sich Kummer und Enttäuschungen. Es kommt nicht auf die Menge an, sondern auf die Qualität.

Genießen Sie die Freiheit und die viele Zeit, in der Sie tun und lassen können, was Sie wollen. Sie können diese Zeit nutzen, um interessante Kurse zu besuchen. Machen Sie das jetzt, solange Sie noch Single sind, wenn Sie dann verheiratet sind und Kinder haben, fehlt Ihnen meistens die Zeit dazu. Und wenn Sie nicht zu viel über Ihre Situation grübeln und zufrieden sind, kreuzen sich Ihre Wege dann meistens doch mit einem Mann, der zu Ihnen passt. Wenn Sie unzufrieden sind, wirken Sie dagegen zu verbissen, und genau dann geschieht nichts.

Das Single-Dasein können Sie gut nutzen, um mal tief in sich zu gehen und Ihr eigenes Verhalten und Ihre Einstellung zu den Männern zu klären. Vor allem, wenn Sie immer wieder in ähnlichen Situationen geraten. **Um eine neue Beziehung einzugehen, muss man vergeben, loslassen können und Vertrauen zulassen**.

Beziehungen sind immer eine Herausforderung. Haben Sie keine Angst davor, wir können viel daraus lernen und über uns selbst mehr erfahren. Wenn wir unser Herz verschließen, dann haben wir schon verloren, wir ziehen dann immer solche Männer in unser Leben, die sich auch nicht richtig öffnen können. So können wir aber nicht die schönen Erfahrungen machen, was eine Beziehung alles mit sich bringt, weil die Beziehung oberflächlich bleibt und zu viel Wert auf das Äußere gelegt wird. Am Schluss fühlen wir uns leerer, anders, als wenn wir eine

Beziehung mit einem Mann eingehen würden, der uns wirklich mag. Manchmal haben wir mehr Angst als Mut, wenn wir starke Gefühle für jemanden haben, wir wissen einfach nicht, wohin es uns treibt. Wir fragen uns, sind wir glücklich oder werden wir verletzt, weil wir durch unsere Gefühlsoffenbarung angreifbarer werden können?

Wir alle möchten so viel, und wir wollen es sofort. Wenn uns der Mann unserer Träume nicht sofort über den Weg läuft, dann hilft es auch nicht weiter, wenn wir anfangen, an uns zu zweifeln oder den Männern die Schuld geben. Nutzen Sie die Zeit, die Sie jetzt haben, um etwas zu machen, was Sie sich schon lange gewünscht haben, zum Beispiel eine Sprachreise. Die Ungeduld vergisst man, wenn man sich mit etwas anderem beschäftigt. Wenn Sie jemals surfen waren und die Welle auf einmal ausblieb, hatten Sie auch Geduld zum Warten. Sie wussten nicht, wann die nächste größere Welle kommt. Aber Sie wussten, dass es bald wieder eine große Welle geben würde. Sie müssen genauso daran glauben, dass Sie den Partner finden, der perfekt zu Ihnen passt.

Affirmation: Ich öffne mein Herz für einen neuen Partner, der perfekt zu mir passt.

Um mehr Zuversicht und Leichtigkeit zu bekommen, können Sie diese Affirmation mehrmals wiederholen.

Sich den Traummann wünschen

Oft ist es so, je mehr man sich anstrengt, desto mehr schlägt es fehl. Gehen Sie mit Leichtigkeit an die Suche, machen Sie sich nichts aus Rückschlägen und verzweifeln Sie nicht, auch wenn Sie nicht gleich „Mr. Right“ finden. Bleiben Sie am Ball, aber auf lockere Art. Manche Leute sagen übrigens aus Erfahrung: Die Liebe findet einen gerade dann, wenn man sie nicht sucht. Suchen Sie nach etwas, dann sind Sie zu verbissen, weil Sie Bedenken haben, den richtigen Partner nicht mehr zu finden. Gedanken sind Energien, wir vermitteln diese Energie unserem Umfeld. Das merken Sie, wenn Sie negativ eingestellt sind, dann erleben Sie immer wieder schlechte Dinge. Sie ziehen sie regelrecht an. Haben Sie dagegen Freude am Leben, dann bekommen Sie noch mehr Freude, Sie ziehen das Glück an. Die eigenen Gedanken haben eine so große Macht, dass wir das anziehen, was unserer Einstellung entspricht. Das nennt man Resonanzgesetz. Mit unseren Gedanken erschaffen wir unsere Realität, wobei es wichtig ist, mit welcher Emotion ein Gedanke aufgeladen ist. Negative Gedanken ziehen negative Erlebnisse nach sich, Freude zieht Glück an, liebevolle Gedanken und Gefühle werden sich in unserem Umfeld widerspiegeln.

Beschäftigen Sie sich lieber mit dem, was Sie sich wünschen, anstatt sich über Ihre Lebensumstände zu beklagen. Stellen Sie sich vor, dass Sie jetzt eine glückliche Partnerschaft haben; visualisieren Sie es, geben Sie Ihrer Phantasie und Ihren Wünschen freien Lauf! Stellen sich vor, wie Sie mit Ihrem Traummann zusammen sind, so als wäre er schon da. Stellen Sie sich aber nicht einen bestimmten Mann vor, sondern stellen Sie sich besser das Gefühl und die Liebe vor, die Sie einander schenken. Versteifen Sie sich nicht auf eine bestimmte Person. Welche Charaktereigenschaften hat Ihr Wunschpartner, ist er humorvoll, können Sie viel mit ihm lachen? Stellen Sie sich vor, Sie sind mit Ihrem Traummann schon zusammen, wie fühlt sich das an? Ja, genau, Sie sind überglücklich. Fühlen Sie in dieses glückliche Gefühl hinein. Es hilft Ihnen dabei, Ihre glückliche, erwünschte Beziehung zu erhalten und den Mann in Ihr Leben zu lassen, der nur noch auf Sie gewartet hat. Haben Sie nur positive Gedanken, lassen Sie keine Zweifel zu, dass es nicht funktionieren könnte, tun Sie so, als ob, und der Mann Ihrer Träume wird in Ihr Leben kommen. Anstatt sich immer damit zu beschäftigen, dass Sie Single sind, sagen Sie sich immer wieder: „Ich habe jetzt einen Partner, mit dem ich glücklich bin“, und bringen Sie sich voller Freude in dieser Stimmung. Das ist viel wirkungsvoller, als immer wieder über Ihre missliche Lage zu klagen. Spüren Sie in Ihre Emotionen hinein, wie es ist, mit Ihrem Partner glückliche Dinge zu erleben, spüren Sie die liebevollen Worte, die er zu Ihnen sagt, die zärtliche Umarmung. Aber ohne sich eine bestimmte Person vorzustellen! Sonst fixieren Sie sich nur auf eine Person, obwohl es da draußen vielleicht einen Mann gibt, der besser zu Ihnen passen würde. Unter den Millionen von Menschen muss es doch einen geben, der auf Sie perfekt zugeschnitten ist.

Durch diese Übung werden Sie gelassener und zufriedener. Sind Sie verbissen, ist es auch schwieriger, einen Partner anzuziehen, weil Sie das aussenden, und Sie erreichen so das Gegenteil. Gehen Sie spielerisch mit der Situation um. Sind wir relaxt, kommt das Gute auch leichter in unser Leben. Tun Sie so, als hätten Sie bereits eine glückliche Partnerschaft, beschäftigen Sie sich immer wieder mit dem, was kommt, und stimmen Sie sich auf positive Weise erwartungsvoll darauf ein. Schaffen Sie Raum für den Partner, so sind Sie offen, um jemand Neues in Ihr Leben zu lassen. Räumen Sie Ihre Wohnung auf, als würden Sie ihn zu Besuch erwarten. Räumen Sie alle Dinge weg, die er in Ihrer Wohnung nicht sehen darf. Werfen Sie alle alten Kleider weg, die Sie zu Hause nie vor Ihrem Partner anziehen würden. So öffnen Sie sich innerlich für die neue Partnerschaft.

Vertrauen Sie darauf, dass Sie jetzt Ihrem Traumpartner begegnen und sich ineinander verlieben werden. Es sollte immer spielerisch sein. Jetzt, da Sie voller Optimismus sind, Ihrem Partner zu begegnen, folgen Sie Ihrer Intuition. Wenn Sie das Gefühl haben, Sie müssen unbedingt an dieser einen Veranstaltung teilnehmen, dann machen Sie das ohne zu fragen, wieso. Wenn Sie das Gefühl haben, Sie müssen jetzt diese Straße entlang gehen, dann machen Sie es, ohne nachzudenken. Seien Sie offen für Überraschungen. Der Traummann kommt häufig, wenn wir es gar nicht erwarten.

Was möchten Sie wirklich? Denken Sie darüber nach und definieren Sie klar für sich, wie der Mann Ihrer Träume sein soll. Wie die Beziehung sein soll. Verwerfen Sie es nicht als unrealistischer Träumerei. Wenn wir unsere tiefsten Träume kennen, dann finden wir auch einen Zugang zu unseren tiefsten Sehnsüchten und erkennen, wer zu uns passt. Wenn Sie sich mit allen

Sinnen in die gewünschte Situation hineinfühlen und Sie mit dieser Einstellung in die Welt hinausgehen, werden Sie plötzlich von Männern mehr wahrgenommen, sie lächeln Ihnen mehr zu, grüßen Sie auf der Straße und tragen Ihren Koffer die Treppe hinauf. Ihre innere Einstellung und Ihre Ausstrahlung haben sich verändert, und die Männer reagieren dementsprechend darauf.

Behandeln Sie alle Männer gleich

Seien Sie nett zu dem unattraktiven Typen, hören Sie dem übergewichtigen Langweiler zu, wenn er mit Ihnen redet. Ja, er wird Sie womöglich fragen, ob Sie mit ihm ausgehen wollen, und das ist etwas, was Sie nicht möchten. Darum sind Sie wahrscheinlich unfreundlich und abweisend zu solchen Männern. Es gibt keine magische Formel, um NUR auf die Männer attraktiv zu wirken, die Ihren Vorstellungen entsprechen. Aber es gibt etwas, das GENERELL anziehend auf alle Männer wirkt. Auf Männer, die Ihnen gefallen und auf Männer, die Ihnen nicht gefallen. Der Punkt, den viele Frauen völlig unterschätzen, ist, dass die meisten Männer eine ungeheure Hemmung haben, auf Frauen zuzugehen und sie anzusprechen. Männer beobachten eine Frau, die ihnen gefällt, meist sehr genau. Wenn ein Mann mitbekommt, wie freundlich Sie Ihre Mitmenschen behandeln, wie nett und charmant Sie zu anderen Menschen sind, dann steigert das Ihren Wert in den Augen des Mannes, den Sie von sich überzeugen wollen, umso mehr. Vor allem verliert er seine Angst, sich Ihnen zu nähern.

Hier eine Aussage von einem Mann, mit dem ich ein Interview führte. „Glauben Sie mir, gerade wenn uns eine Frau wirklich gefällt, fällt es uns extrem schwer, sie anzusprechen. Wir wägen vorher hundert Mal ab, ob wir uns nicht eventuell eine Abfuhr einfangen." Und genau diese Angst hindert die wirklich netten und interessanten Männer oftmals daran, auf Sie zuzugehen, um Sie anzusprechen.

Wenn Sie beginnen, auch zu den Männern nett und charmant zu sein, die Ihnen NICHT gefallen, wird sich im Laufe von wenigen Wochen etwas in Ihrem Leben verändern. Sie werden auf einmal mehr angesprochen. Die Männer, die Sie beobachten, haben dann eher den Mut, auf Sie zuzugehen, wenn Sie freundlich und entspannt wirken, als wenn Sie vorher jemandem schroff und arrogant einen Korb gegeben haben. Natürlich gilt das nur, wenn Sie freundlich angesprochen werden. Falls es sich um einen betrunkenen, aufdringlichen Mann handelt, sagen Sie einfach in einem bestimmenden Ton, aber nicht zu aggressiv: „Ich möchte alleine sein, bitte akzeptieren Sie das!"

Es ist eigentlich ein einfaches Prinzip: Geben Sie immer Freundlichkeit zurück, wenn Sie freundlich angesprochen werden. Und es hat noch eine andere positive Wirkung, Sie werden mit diesem positiven Verhalten von mehr Männern umschwärmt und Sie sind auf einmal die Königin im Bienenstock. Andere Männer beobachten das, und auf einmal gewinnen Sie an Attraktivität für diese Männer. Warum? Weil Männer immer miteinander konkurrieren, jeder möchte den anderen übertreffen und jeder möchte als Sieger gelten, indem er Ihre Aufmerksamkeit am besten gewinnen kann. Ein Mann denkt sich: „Sie muss etwas ganz Besonders sein, wenn sie so beliebt bei ihren Mitmenschen ist." Sie sind der Star! Probieren Sie es einmal aus! Eine Bar mit einem hohen Männeranteil ist dazu sehr gut geeignet.

Übrigens sind manchmal jene Männer weit interessanter, die auf den ersten Blick rein äußerlich nicht so auffällig erscheinen. Also nicht gleich alle vorab restlos aussortieren. Geben Sie ihnen auch eine Chance, schließlich können Sie nie genug Fans haben! Sie fühlen sich begehrter, weil Ihnen bewusst wird, dass Sie ein Haufen Verehrer haben.

Schenken Sie den Männern mehr Beachtung, die fasziniert von Ihnen sind, auch wenn Sie keine Gefühle für diese Verehrer haben. Regen Sie sich nicht über solche Männer auf, die häufig anrufen oder Ihnen romantische Karten schreiben. Es ist wunderbar, so begehrt zu sein. Freuen Sie sich stattdessen über die schönen Gesten. So können Sie sich gleich daran gewöhnen, wie Sie behandelt werden wollen und können später viel besser die nicht geeigneten Männer aussortieren. Merken Sie sich: So muss es sein! Denken Sie nie: „Er macht es für mich zu einfach." Liebe soll etwas Schönes, Einfaches und Unkompliziertes sein. Auch wenn Sie gerne dramatische Liebesfilme im Fernsehen schauen und denken, so etwas in einer Beziehung zu brauchen, weil es viel spannender ist. Liebe soll aber nicht herzzerreißend und schmerzhaft sein. Schauen Sie, dass Ihr Tag ausgefüllt ist mit Ihren Hobbys oder andere Tätigkeiten. Sorgen Sie selber für Abwechslung.

Männer brauchen die Herausforderung, und in der Folge die vielen kleinen, damit verbundenen Mutproben und Erfolgserlebnisse. Wenn Sie dem Mann diese Mutproben nehmen, rächt sich das. Er verliert die Motivation, und wenn er zu viele Niederlage von Frauen ertragen muss, verändert er sein positives Verhalten. Darum unterstützen und wertschätzen Sie immer ein zuvorkommendes Verhalten Ihnen gegenüber, auch wenn er nicht Ihr Typ Mann ist.

Seien Sie nie zynisch

Wenn Sie zu forsch wirken, erwacht sein Kampfgeist und Sie werden zu seinem Gegner. Elena, eine Freundin von mir, ist regelmäßig mit einer bildhübschen Freundin unterwegs, nennen wir sie mal Melissa. Diese bildhübsche Frau wirkt durch ihr engelhaftes Äußeres wie ein Männermagnet. Melissa wird sehr häufig angesprochen, sei es auf der Straße, wenn sie am Warten ist, oder sonst wo. Sie bleibt nicht lange alleine stehen. Wenn Elena etwas zu spät zu einer Verabredung mit Melissa kommt, steht dann meistens einen Mann an Melissas Seite, der sie gerade angesprochen hat und seine Blicke gar nicht von ihr abwenden kann. Nun ist es aber so, dass Melissa sehr kritisch ist und manchmal sehr sarkastische Witze auf Kosten anderer Leute macht. Oder sie redet mit diesen Männern gleich über schwerwiegende Themen wie die momentane schlechte Wirtschaft. Oder sie sucht, wenn er von seinem Job erzählt, schnell das Schlechte an diesem Job und versucht, ihn mit ihrem Kommentar klein zu machen. Wenn er zum Beispiel sagt, er arbeite auf der Bank, sagt sie: „Oh, das müssen aber schlechte Leute sein, die einen solchen Beruf ausüben können.“ Er verliert dadurch schnell das Interesse an ihr oder noch schlimmer, er wird innerlich wütend und ist durch ihr Verhalten völlig abgestoßen und wendet sich dann lieber einer anderen Frau zu, die vielleicht nicht so hübsch, dafür aber charmanter zu ihm ist. Am Anfang war er sehr zuvorkommend zu Melissa, aber durch ihre zynische Art bemüht er sich kein bisschen mehr – warum auch, es wird ja nicht geschätzt. Im Gegenteil, ein Mann wird sie eher schlecht behandeln als sich Mühe zu machen. Melissa wirkt durch ihr überkritisches Verhalten Männern gegenüber, als hätte sie schon viele schlechte Erfahrungen mit anderen Männern gemacht. Sie zeigt offen ihre Vorurteile den Menschen gegenüber.

Es kommt also nicht so sehr auf das Äußere an; wenn Sie eine tolle Ausstrahlung haben, werden Sie genau so viel Erfolg haben wie eine Melissa. Oder sogar noch mehr, eben wegen dieser positiven Ausstrahlung. Sie müssen fröhlich, frisch und unerfahren wirken, als hätten Sie noch nie schlechte Erfahrungen mit Männern gemacht oder als wäre alles neu für Sie, was Sie jetzt gerade mit ihm erleben. Sie dürfen ruhig etwas verträumt und naiv wirken, und seien Sie begeistert über seine Vorschläge, wenn es denn gute sind! Strahlen Sie und seien Sie glücklich, das alles hat eine extreme Anziehung auf Männer. Wenn Sie ständig mit Vorurteilen durch das Leben gehen, strahlen Sie das auf die Männer negativ aus. Denken Sie nie, oder noch schlimmer, sprechen Sie solche Dinge nie aus, wie; „Och, das habe ich auch schon erlebt, das ist nicht gut gegangen.“ Es ist schade, wenn jemand alles zu schwarz sieht, so verpasst man gute Chancen, indem man den netten Kerl vergrault. Klar müssen wir vorsichtig sein, aber doch nicht einem Mann gleich unterstellen, dass er schlecht ist, ein Lügner oder Betrüger. Glauben Sie an das Gute im Menschen. Damit meine ich nicht, dass Sie naiv sein sollen, sondern eben eine positive Grundeinstellung haben und ihn aufmerksam beobachten. Wieso einen Mann bestrafen, der es gut meint? Was kann er dafür, wenn eine Frau vorher schlechte Erfahrungen mit anderen Männern gemacht hat?

Wenn Sie schon etwas älter sind, dann erinnern Sie sich zurück an die Zeit, als Sie noch jünger waren. Das Leben war mit 18 Jahren irgendwie aufregender, weil alles so neu für Sie war. Behalten Sie diese Frische und Jugendlichkeit in sich.

Männer hassen es, wenn sie einer Frau ansehen, dass sie schon viele schlechte Erfahrungen gemacht hat. Männer erklären das so: „Man muss bei manchen erfahrenen Frauen zuerst eine dicke Wand durchbrechen." Damit ist gemeint: Er muss all die Vorurteile, die sie Männern gegenüber hat, zuerst durchbrechen und noch mehr beweisen, dass er es ernst mit ihr meint. Gewisse Männer fühlen sich zu jüngeren Frauen hingezogen, weil diese unerfahren sind, wie eine leichte Brise auf sie wirken und er ihnen die Welt noch zeigen kann. Er fühlt sich als Held. Es ist nicht das Alter oder etwas mehr Falten im Gesicht; wenn die Frau immer noch diese Jugendlichkeit hat und auf ihr Äußeres Acht gibt, wird sie genau so viel Chancen haben wie eine jüngere. Es gibt nur weniger Singles im fortgeschrittenen Alter, aber die Chancen bei den Männern haben sich nicht groß verändert. Darum seien Sie immer wie eine leichte Sommerbrise, unabhängig von Ihrem Alter, wenn Sie mit interessanten Männern unterwegs sind. Dann wirken Sie so, als hätten Sie immer nur gute Erfahrungen gemacht, als wäre alles neu für Sie; der Mann, den Sie gerade daten, ist ja auch neu für Sie. Vergessen sind alle negativen Erinnerungen an Männer aus der Vergangenheit.

Ich kenne eine sehr erfolgreiche 70-jährige Frau. Ihre Augen strahlen, sie ist unglaublich jugendlich geblieben, sie hat dieses Herzliche an sich und jeder ist fasziniert von ihr. Sie ist einfach rundum zufrieden mit sich, lacht viel, hat diese feminine Art und Freude an ihrem Leben. Sie kann durch ihre Vitalität durchaus mit jungen Leuten mithalten. Genau diese Frau hat jetzt einen 25 Jahre jüngeren Freund. Ihre Jugendlichkeit und ihr positives Denken sind nicht durch schlechte Erfahrungen verloren gegangen.

So tun als ob

Wir kommen immer wieder mit gleich gesinnten Menschen näher in Kontakt, die uns unsere eigene Überzeugung bestätigen. Empfinden wir uns als attraktiv, nehmen andere uns auch als attraktiv wahr, lieben wir uns selber, lieben andere uns auch, haben wir aber innerliche Zweifel, strahlen wir diese Unsicherheit genauso aus und andere Personen können uns genau an diesem wunden Punkt verletzten. Durch diese Verletzungen werden wir nur umso mehr von unserer Unsicherheit überzeugt. Vertreten wir die Überzeugung, wir wären nicht liebenswert, so bekommen wir das von außen immer wieder zu spüren. Ihre innere Überzeugung ist die äußere Wahrheit, die Sie ständig Ihren Mitmenschen vermitteln.

Wenn Sie sich unwohl fühlen, dann machen Sie etwas, das Sie glücklich und ausgeglichen macht. Wenn Sie sich bei einem Date unwohl fühlen, dann denken Sie nur positiv über sich selber, sagen Sie sich innerlich immer wieder: „Ich bin wunderschön, unwiderstehlich und liebenswert“ und „ich bin eine unwiderstehliche Schönheit“. Vielleicht kommt es Ihnen etwas merkwürdig vor, aber Sie werden merken, wie schnell Sie sich innerhalb von kurzer Zeit schon viel besser fühlen und Ihre Stimmung sich verbessert, Sie treten mit einem Lächeln und innerlicher Ausgeglichenheit auf. Sie sind heiter und beschwingt, einfach immer leicht, spielerisch und fröhlich. Tun Sie so als ob, bis Sie selber daran glauben, bis Sie das Verhalten verinnerlichen und es zu Ihrem Charakter gehört. Es geht nicht darum, mit einem Mann Spiele zu treiben, sondern das eigene Verhalten zu verbessern und zu einer stärkeren Persönlichkeit zu werden. Sie üben, bis Sie es verinnerlicht haben. Es muss sehr natürlich sein und zu Ihrer Person passen, sonst wird es schnell entlarvt, weil es künstlich wirkt. Auch können Sie es vermasseln, wenn Sie sich zu viele Gedanken darüber machen, was Sie tun sollen, um gut anzukommen und ein Vorbild nachahmen. Es gibt Frauen, die haben schon von Natur aus dieses gewisse Etwas, das alle in den Bann zieht. Sie verhalten sich in gewissen Situationen genau richtig, ohne es eingeübt zu haben, es gehört schon von Kindesbeinen an zur eigenen Persönlichkeit. Beobachten Sie mal eine solche Frau. Was tut sie? Wie bewegt sie sich? Ihre Haltung ist gerade, ihr Gang ist locker mit einem sexy Hüftschwung und sie hat einen direkten Blick. Sie sucht den Blickkontakt, ist charmant und fröhlich.

Durch das So-tun-als-ob können Sie die alten Verhaltungsmuster mit der Zeit auflösen, die Zweifel lassen nach, Sie stärken Ihr Selbstvertrauen und spüren bereits, wie schön so ein positiver Zustand ist. So-tun-als-ob ist das beste Mittel, um neue Überzeugungen zu erlangen. Keine Sorge, Sie spielen damit niemandem etwas vor, Ihr wahres Ich wird immer zum Vorschein kommen. Ihre Gesten, Ihr Lachen, Ihre Redensart werden immer ein Teil von Ihnen sein. Sie verändern sich, und es wird zu Ihrer zweiten Natur. Um sicherer zu werden, machen Sie doch mal mit einer Freundin ein Rollenspiel, es macht einen Riesenspaß und Sie werden dann ganz natürlich und sicherer beim nächsten Date auftreten.

Eine Traumfrau kennt ihren Wert

Unser Bild von einer Traumfrau ist durch die Medien verfälscht. Anstatt sich eine Traumfrau anhand ihrer Eigenschaften vorzustellen, stellen wir uns eine Traumfrau bildlich vor, die eine perfekte Figur hat. Auf den Frauenzeitschriften schauen uns 18-jährige Mädchen entgegen, die uns suggerieren: „So müsst ihr aussehen! Nur mit einem makellosen Körper seid ihr sexy, und nur so mögen euch die Männer.“ Aber genau diese schönen Frauen werden von Männern verlassen, und viele Männer haben eine scheinbar unauffällige Frau an ihrer Seite. Aber wieso nur?

Uns Frauen wird vermittelt, dass wir nur durch Schönheit einen Mann angeln können. Wenn wir aber Männer fragen: „Was muss deine Traumfrau haben?“, dann kommen erst mal mehr Aussagen über die Eigenschaften als über die Schönheit. Natürlich gibt es

Männer, für die die Schönheit das Allerwichtigste ist, das sind dann aber eher Männer, die nicht so viel im Kopf haben oder solche, die jünger als 25 Jahre sind. Eine Traumfrau – so simpel das klingen mag – ist eine Frau, die sich NICHT dauernd bei ihm meldet, die ihm NICHT permanent zu verstehen gibt, wie sehr sie ihn braucht und wie sehr sie ihn liebt. Oder nicht ständig die Beziehung „ausdiskutieren" will. Eine Frau, die ihr EIGENES, unabhängiges Leben führt. Und vor allem wirft sich eine Traumfrau einem Mann nicht zu Füßen! Die begehrte Frau hat einen gewissen Humor, sie besitzt Selbstbewusstsein, was nach außen suggeriert: „Ich mag mich so, wie ich bin, und wenn jemand ein Problem mit mir hat, dann kann er ja gehen." Sie hat genau diese Ecken und Kanten, die zu ihr gehören und nicht gespielt sind.

Lieben Sie sich selbst und Sie werden von anderen geliebt.

Im ständigen Vergleich mit den unrealistischen Bildern von Fotomodels fühlen wir uns nicht hübsch genug, nicht schlank genug. Betrachten wir unser Spiegelbild, registrieren wir ängstlich jede neue Falte im Gesicht. Wir werden von der ständigen Sorge getrieben, dass wir so, wie wir sind, nicht in Ordnung und inakzeptabel sind.

„Es ist die Art und Weise, wie du DICH SELBST behandelst."

Die Art, wie ANDERE Sie behandeln, ist nur das Spiegelbild dessen, wie Sie selbst mit sich umgehen und wie Sie über sich selbst denken. Wenn Sie tief in Ihrem Inneren davon überzeugt sind, dass Sie dick, dumm oder schlicht nicht wertvoll sind, dann passiert unter Garantie folgendes: Sie finden im Verhalten Ihrer Mitmenschen den BEWEIS für Ihre innere Einstellung. Männer behandeln Sie, als wären Sie nicht sonderlich wertvoll und mit jeder beliebigen anderen Frau austauschbar.

Wenn wir uns selbst nicht achten, achtet uns niemand. Um es in einem Satz zu sagen:

Ihre Mitmenschen (vor allem Männer) behandeln Sie so, wie Sie über sich selber denken.

Denn es ist Ihre Einstellung, die dazu führt, von Männern mit völlig anderen Augen wahrgenommen zu werden.

Sagen Sie folgenden Satz immer wieder zu sich selbst: **Ich bin ein wunderbares und schönes Wesen voller Liebe. Ich bin liebenswert und ich werde geliebt. Ich bin ein Segen für alle, die mir begegnen.**

Wie klingt das in Ihren Ohren? Ist dieser Satz befremdlich für Sie? Können Sie ihn widerstandslos annehmen? Umso häufiger Sie diesen Satz zu sich selber sagen, umso mehr werden Sie daran glauben.

Nehmen Sie die unschöne Seite an sich liebevoll an, das ist die beste Heilmethode, um dem ewigen Kritisieren an sich selber etwas entgegenzusetzen.

Geben Sie Acht auf sich

Holen Sie das Beste aus sich heraus. Sie müssen nicht aussehen wie ein Fotomodell, sondern einfach die vielen guten Eigenschaften an sich verstärken und die schlechteren verbessern. Seien Sie achtsam mit Ihrer Gesundheit, machen Sie regelmäßig Sport und verzichten Sie bitte auf Unisex-Kleidung. Kleiden Sie sich immer feminin. Aber bitte nicht zu aufreizend! Ein Minirock kombiniert mit einem engen Top mit tiefem Ausschnitt ist zu viel. Ein anspruchsvoller Mann, der eine ernsthafte Beziehung will, möchte seine Partnerin überallhin mitnehmen können, es liegt ihm am Herzen, dass seine Freundin in der Öffentlichkeit eher weniger Haut zeigt und den Rest für ihn aufhebt. Ein Mann, der etwas auf sich hält, heiratet keine billige Frau.

- Gehen Sie mit Selbstvertrauen, stehen Sie gerade und heben Sie Ihren Kopf an, als wäre er an einer Schnur befestigt. Gehen Sie mit Zuversicht und Eleganz. Dies erscheint vielleicht zuerst etwas ungewohnt, aber es wird andere dazu veranlassen, Sie zu bemerken und Ihren Charme und Ihre Schönheit zu erkennen.
- Ihre Erscheinung sollte klar und sauber sein. Dies ist die Basis aller Schönheit. Die Leute nehmen sonst Abstand von

Ihnen und werden Sie nicht attraktiv finden, wenn Sie ungepflegt aussehen.

- Seien Sie zu allen, auf die Sie treffen, freundlich!

Eine Frau, die ein gesundes Selbstvertrauen hat, läuft mit geraden Schultern, ihr Kopf ist aufrecht, sie bewegt sich mit einer weiblichen Anmut – ohne aber künstlich zu wirken. Sie behandelt alle Menschen gleich, sie schenkt der Putzfrau das gleiche Lächeln wie dem Generaldirektor. Sie denkt nicht darüber nach, es allen recht machen zu wollen, sie ist sich Ihrer selbst so sicher, dass sie einfach DA IST.

Sie denkt auch nicht darüber nach, was andere von ihr denken, sie macht sich nicht abhängig von der Meinung anderer. Denn sie weiß, dass diese davon abhängt, was sich in deren Köpfen abspielt und weniger davon, wie sie tatsächlich ist. Sie ist charmant und freundlich, die Männer bewundern beides an ihr. Gleichzeitig weiß aber jeder, dass er nicht mit ihr spielen kann. Sie behandelt Männer so, wie SIE es will und NICHT so, wie es die Männer vermeintlich von ihr „erwarten".

Männer lieben es, wenn eine Frau auf sich achtet, das gibt ihnen die Sicherheit, dass sie für sich selber sorgen kann und auch die gemeinsamen Kinder von ihr gut umsorgt werden. Eine Frau, die sich auf Partys betrinkt und so benebelt ist, dass sie nicht mehr alleine nach Hause findet, wird für einen seriösen, ausgeglichenen Mann keine Heiratskandidatin sein. Er verliert die Achtung, wenn er immer wieder seine Freundin von einer Party nach Hause schleppen muss, weil sie nicht mehr richtig stehen kann und es ihr so übel ist, dass sie sich in seinem Auto übergibt. Obwohl vor allem jüngere Männer beim Ausgehen gerne Alkohol trinken und die Frauen sogar einladen, auch etwas zu trinken, finden es die gleichen Männer abstoßend, wenn eine Frau stark betrunken ist. Viele Männer verdrehen die Augen, wenn eine Frau sagt, sie nehme ein Mineralwasser, statt sich für ein Glas Wodka zu entscheiden. Lassen Sie sich nicht beeinflussen durch solche Kommentare, Sie seien langweilig, dann ist er wahrscheinlich doch nicht der Richtige für Sie. Am besten die dummen Sprüche ignorieren, mit den Schultern zucken und sich von ihm entfernen. Wer braucht hier Alkohol, um sich nicht zu langweilen und um aus sich herauszukommen? Er oder Sie? Wenn eine Frau Nein sagen kann und ihre Grenzen kennt, zeigt das, dass sie Klasse und Stil hat, und falls er das nicht akzeptieren kann, ist das sein Problem. Ein Mann, der ein gewisses Niveau hat, wird ohne dummen Kommentar für Sie ein Mineralwasser an der Bar bestellen.

Was ist die wahrhaftige Liebe? Wenn ein Mensch sich selber liebt, wird er auf sich Acht geben, er ist achtsam zur Natur und zu den Tieren. Er hat ein Gefühl für sich und seine Umgebung. Alles andere hat nichts mit Liebe zu tun, es kann sogar zerstörerisch sein.

Eine lebenslustige Frau ist sexy

Eine Traumfrau hat eine eigene Identität, sie ist im Einklang mit sich selbst und verbiegt sich auf keinen Fall wegen einem Mann. Sie gibt ihm gerne seinen Freiraum, weil sie ihre eigene Freiheit schätzt. Sie pflegt weiterhin ihre Freundschaften und ihre Hobbys. Sie lässt nicht alles liegen wegen ihm. Ein Mann verliebt sich in eine Frau, die eine eigene Persönlichkeit hat. Er möchte keine, die zu allem Ja sagt und sich aufopfert, das wäre zu einfach für ihn und wird ihn schnell langweilen. Also müssen Sie sich nicht bei den ersten Dates in der Küche stundenlang abmühen, um ein 5-Gang-Menü zu kochen. Geben Sie ihm das Gefühl, dass ER Sie mit etwas beeindrucken muss, nicht umgekehrt! Denn dann wird er Sie von Anfang an viel mehr respektieren, und er wird sich denken: „Wow, die ist sich selber etwas wert, und um ihre Aufmerksamkeit zu bekommen, muss ich mich richtig ins Zeug legen." Und er wird es tun, wenn er ernsthaft an Ihnen interessiert ist. Denn durch Ihre eigene Wertschätzung haben Sie Ihren Status auch aus SEINER Sicht erhöht. Eine raffinierte Mischung aus Unschuld, Selbstliebe und Sexappeal macht die Männer wahnsinnig! Eine Frau ist nicht anziehend für einen seriösen Mann, wenn sie nichts als ein schönes Gesicht und einen sexy Körper zu bieten hat. Solche Frauen werden ausgenutzt. Eine Frau mit hohem Sexappeal hat in der Regel immer etwas Außergewöhnliches an sich, eine Aura und eine sinnliche Ausstrahlung, die Männer verrückt macht. Männer finden Frauen sexy, bei denen es etwas zu entdecken gibt. Eine unschuldige, aber trotzdem selbstbewusste Frau übt einen großen Reiz auf sie aus. Während der einen Teil von ihr nach Sex schreit, ist der andere Teil von ihr schüchtern und naiv. Ihr Verhalten ist auf geradezu köstliche Weise doppeldeutig. Sie hat eine unschuldige, sinnliche Ausstrahlung. Frauen werden geliebt, weil sie lebensfreudig, lustbetont, ausgeglichen und zufrieden sind und das Leben eines Mannes dadurch bereichern. Eine frustrierte, nörgelnde Kratzbürste vergrault jeden Mann, auch wenn sie traumhaft aussieht.

Das Attraktivste für einen Mann ist eine Frau, die Würde hat und sich selbst liebt. Wenn Sie sich aber für ihn verbiegen, weiß er, dass Sie sich selber nicht genug lieben. Und er wird es immer mehr auskosten wollen, er wird testen, wie weit er noch gehen kann, bis Sie ihm Grenzen setzen.

Aussagen von Männern, die ich interviewt habe:

„Mir gefällt eine Frau, die sich etwas zurückhält, aber mir doch das Gefühl vermittelt, dass ich Chancen bei ihr habe."

„Ich kann keine brauchen, die mir einen Vamp oder sonst was vorspielt. Sie sollte sie selbst sein und sich nicht verstellen! Solche Aktionen fliegen nämlich ziemlich schnell auf und somit verfliegt auch mein Interesse an der Person … weil ich einfach das Gefühl habe, dass sie nicht ehrlich ist. Und wenn sie bei einem zwanglosen Treffen nicht sie selber sein kann, wie sieht es dann erst in der Beziehung aus …?!"

„Ehrlich, nett, humorvoll, intelligent, offen, tolerant …"

„Reizvoll für mich: Intelligenz, schöne Augen, lange Haare, schöne Haut, viele Kurven, Modegeschmack, etwas Zickiges, nicht prüde. Habe ich die Augen schon erwähnt? Und einen eigenen Kopf."

„Humor, Kochkünste, gepflegte Fingernägel, gute Tanzkünste, schöne Zähne, weiche Lippen, süßes Gesicht, schöne passende Unterwäsche, enge Jeans, nicht zu arrogant, Weltoffenheit, Zärtlichkeit, Sinnlichkeit, ein besonderer Geruch muss von ihr ausgehen, nicht von zu viel Parfum überdeckt. Oberweite passend zum Körper, und vor allem eine gewisse Art, unschuldig zu wirken, obwohl sie es gar nicht ist!"

„Ich finde es bei einer Frau viel mehr sexy, wenn sie ein schönes Sommerkleid trägt, bei dem man nur andeutungsweise ihre Figur sieht. Trägt sie hingegen ein hautenges Kleid mit riesigem Ausschnitt und so kurz, dass es gerade mal den Po noch knapp bedeckt, finde ich sie billig. Aber die meisten Frauen denken, wir fänden das toll. Natürlich schauen wir gerne hin, aber ich möchte keine Freundin, die sich so kleidet."

2.

Wie tickt ein Mann?

Er ist der Held!

Im Gegensatz zu uns Frauen möchte ein Mann sich immer mit anderen Männern messen, er muss seine Konkurrenten übertreffen. Gleichzeitig braucht er das Gefühl, er habe gesiegt, und dass er Achtung und Bewunderung verdient hat. Das Ganze macht er nur, um uns Frauen zu beeindrucken und um die anderen Männer auszustechen. Also müssen wir für ihn eine Frau sein, die er beeindrucken kann oder muss. Ihm ist es wichtig, wer er ist, wie er dazu kommt und natürlich braucht er Anerkennung für das, was er geleistet hat. Wenn er beruflich seine Ziele noch nicht erreicht hat oder er noch nicht mal auf dem Weg dorthin ist, befindet er sich auf der Suche nach etwas und ist sehr unruhig. In dieser Phase bekommen Sie von ihm noch nicht viel Aufmerksamkeit, weil er zu sehr mit sich selbst beschäftigt ist.

In der Männerwelt wird ein Mann aufgrund dessen beurteilt, was er macht, wer er ist, was er für eine Position hat. Darum ist es unerträglich, mit einem Mann zusammenzuleben, der gerade keinen Job hat, weil er sich als Versager fühlt. Für einen Mann ist die Arbeit die wichtigste Anerkennung, weil er schon als kleiner Junge gelernt hat, dass ein starker Mann Erfolg hat und viel Geld verdient. Darum ist es wichtig, ihn für seine Leistung zu loben und nicht selber anzugeben mit den eigenen Erfolgen in der Arbeitswelt.

Der Mann liebt einerseits die Herausforderung und andererseits ist er doch sehr bequem. Viele Erfindungen, um das Leben zu vereinfachen, wurden von einem Mann gemacht. Wieso? Weil er nach etwas sucht, das ihm die Arbeit erleichtern kann. Er kann Stunden damit verbringen, um auszutüfteln, wie Arbeiten mit Hilfsgeräten erleichtert werden können. Ähnlich verhält es sich, wenn er eine Frau nicht so leicht erobern kann: Er macht sich Gedanken, was es dazu braucht, um sie für sich zu gewinnen. Sie hinterlässt bei ihm einen großen Eindruck. Wenn er aber eine Frau kennenlernt, um die er sich nicht groß bemühen muss, geht sie ihm so schnell wieder aus dem Gedächtnis, wie sie gekommen ist.

Was auf einen Mann extrem anziehend wirkt, ist jede Form von Weiblichkeit. Und Weiblichkeit verbinden Männer immer auch mit einer dezenten Prise Hilflosigkeit.

Geben Sie ihm immer das Gefühl, dass er der Held ist. Mit anderen Worten: Sie müssen seinen Beschützerinstinkt wach kitzeln. Ein Mann möchte ein Held sein, vor allem möchte er aber in einer Beziehung IHR ganz persönlicher Held sein.

Für einen Mann ist es extrem wichtig, dass eine Frau seine Männlichkeit akzeptiert und auch bewundert. Dieser Held kann er aber nicht sein, wenn er spürt, dass eine Frau im Grunde keinerlei Hilfe nötig hat. Lieber bleibt er ein Leben lang Single, als sich auf eine Frau einzulassen, die ihn und seine zupackende männliche Art gar nicht braucht. Daher sollten Sie sich (gerade bei Verabredungen mit Männern) auf Ihre Weiblichkeit besinnen. Geben Sie ihm die Chance, sie als FRAU wahrzunehmen. Es geht nur um Kleinigkeiten: Spielen Sie ein wenig hilflos mit Ihrem Handy. Fragen Sie ihn, ob er Ihnen dabei helfen kann, dieses verwirrende Menü zu begreifen. „Ich habe ein neues Handy, kannst Du mir vielleicht erklären, wie das funktioniert? Ich verstehe es einfach nicht …" (Ein guter Aufhänger übrigens, um ein Gespräch mit einem Unbekannten zu beginnen.) Damit zeigen Sie, dass Sie auf seine Hilfe angewiesen sind. Jeder Mann wird Ihnen mit stolz geschwellter Brust dabei behilflich sein wollen. Schließlich kann er für einen kurzen Moment der Held sein, der er immer schon sein wollte. Wenn Sie ihm dann mit einem zuckersüßen Augenaufschlag ein leises „Dankeschön, du hast mir wirklich geholfen" ins Ohr hauchen, fühlt er sich wie Superman höchstpersönlich. Es mag sich nach einem Klischee anhören, vielleicht halten Sie das auch für lächerlich, aber Männer reagieren eben auf solche subtilen Signale von Hilflosigkeit einer Frau. Sein Beschützerinstinkt wird geweckt und Sie geben ihm das Gefühl, gebraucht zu werden. Ein Mann wünscht sich eine emotional unabhängige Frau, der er dennoch mit Rat und Tat zur Seite stehen kann. Eine Frau, die ihm das Gefühl vermittelt, er werde ERNST genommen und kann sich nützlich erweisen – nicht aber, weil Sie ohne ihn nicht mehr klarkommt, sondern weil er ganz einfach das kleine, krönende i-Tüpfelchen in ihrem Leben ist. Geben Sie sich Männern gegenüber daher manchmal ein wenig hilfloser, als Sie es eigentlich sind. „Schatz, diese Tasche ist so schwer, kannst du sie mir abnehmen?" – Sie werden sich wundern, welche Wirkung diese kleine Verhaltensänderung haben kann!

Männer lieben es, von einer Frau ein wenig verwirrt zu werden. Es ist sogar noch drastischer: *„Wir beginnen erst dann, eine Frau in den engeren Kreis der Beziehungs-Kandidatinnen aufzunehmen, wenn sie uns die Chance gibt, sie zu ‚jagen'. Wenn wir uns ihrer nicht sicher sein können."*

„Wir lieben Frauen, die ein sanftes Wesen verkörpern."

Die falsche Illusion vom Traummann

Unser Traumprinz ist immer für uns da, liest uns jeden Wunsch von den Augen ab und spurtet los, um ihn zu erfüllen. Er macht alles Mögliche, um uns glücklich zu machen, er schmachtet uns an und sagt andauernd: „Ich liebe nur dich, du bist alles, was ich habe, ich mache alles für dich, ich habe nur Augen für dich." Jetzt muss ich Sie leider enttäuschen, diese Vorstellung von Liebe existiert nur in unseren Köpfen. Solch ein Mann gibt es im wirklichen Leben nicht. Männer sind weniger romantisch, sie sind rational, schauen Actionfilme und sind viel geradliniger und einfacher gesteuert als wir Frauen. Ein Mann zeigt seine Liebe auf eine ganz andere, subtilere Art als wir Frauen, nämlich durch **Fürsorglichkeit**, **Hilfsbereitschaft** und er **bekennt sich zu seiner Partnerin**. Das Wort Liebe nimmt ein Mann selten in den Mund, für ihn sind Worte nicht so von Bedeutung. Er findet: *„Ich zeige meine Liebe doch schon genug, wenn ich zu ihr voll und ganz stehe. Was will sie dann noch mehr?"* Wir dürfen also nicht erwarten, dass er seine Liebe auf die gleiche Art zeigt, wie wir es tun, sonst werden wir in jeder Liebesbeziehung immer wieder enttäuscht. Besser ist es, sich zu freuen, wenn er diese drei wichtigsten Eigenschaften Ihnen gegenüber hat. Ein Mann ist nun mal anders! Aber mit seinen Eigenschaften Fürsorglichkeit und Hilfsbereitschaft kann er uns beschütztenen. Und was gibt es Schöneres, als sich durch einen Mann beschützt und geborgen zu fühlen? Seien wir doch mal ehrlich, einen Mann, der andauernd, zehnmal am Tag Liebeserklärungen macht, können wir gar nicht mehr ernst nehmen. Könnte solch ein Mann uns beschützten? Wir bezweifeln es! Was ist Ihnen lieber? Geborgenheit oder ständiges Liebesgeflüster? In diesem Bereich möchten wir immer das ganze Paket, aber das gibt es nun mal nicht.

Wenn er sich zu der Frau bekennt, die er liebt, wird er in der Öffentlichkeit zu Ihnen stehen, indem er allen zeigt: **Das ist meine Freundin, meine Partnerin, meine Verlobte**. Jeder Mann, der echte Gefühle für Sie hegt, räumt Ihnen einen besonderen Platz in seinem Herzen ein, darum wird er Ihnen einen solchen Titel geben. Auf diese Weise gibt er allen Leuten zu verstehen, dass Sie zu ihm gehören und er stolz ist, mit Ihnen zusammen zu sein. Freuen Sie sich, es ist wunderbar, wenn ein Mann stolz auf seine Partnerin ist und Sie in sein Leben integriert. Wenn er Sie stattdessen als ***eine Freundin*** oder nur mit Ihrem ***Namen*** vorstellt, werden Sie auch nicht mehr für ihn sein und er wird Sie auch nicht groß an seinem Leben teilhaben lassen oder mit Ihnen eine Zukunft planen.

Er möchte für die Frau sorgen. Er fühlt sich verantwortlich dafür, für die Menschen zu sorgen, die er liebt. Es soll seiner Frau und Familie an nichts fehlen. Das ist auch der Ansporn, wieso er so viel Zeit mit seiner Arbeit verbringt. Seien Sie darum nicht zu sehr enttäuscht, wenn ihm seine Karriere sehr wichtig ist und er deshalb nicht so viel Zeit für Sie hat. Stattdessen können Sie ihn motivieren, seine Ziele zu verfolgen und ihm Ihre Anerkennung für sein Bemühen zeigen. Er möchte etwas erreichen und kann Ihnen später mehr bieten. Je mehr er die Möglichkeit hat, um seine Frau und Familie zu versorgen, umso stärker und lebendiger fühlt er sich.

Er möchte Sie beschützen. Es ist die Natur des Mannes, dass er die Personen, die er liebt, beschützen möchte. Sieht er seine Frau in Gefahr, ist es ihm ein Anliegen, zuerst ihr zu helfen.

Testen Sie die Männer

Männer sind manchmal nicht sehr ehrlich, wenn sie ihr Ziel erreichen möchten. Nehmen Sie die rosarote Brille zwischendurch mal ab und betrachten Sie das Treffen mit einem Mann mit nüchternen Augen. Es gibt eine Sorte von Männern, die Versprechungen machen, wenn sie ihr Ziel noch nicht erreicht haben. Vor allem, wenn er noch keinen Sex mit Ihnen hatte. Er macht das nicht immer absichtlich. Um Sie rumzukriegen, möchte er Sie beeindrucken und verspricht unüberlegte Sachen, die er eigentlich gar nicht einlösen kann, wie zum Beispiel: „Ich besorge dir den neusten, tollsten Fernseher." „Ich bringe dir ein Geschenk aus London mit." „Ich möchte mit dir einkaufen gehen und dir ein schönes Kleid kaufen." Eine clevere Teufelin wartet nicht lange, nimmt ihn gleich bei Wort und macht mit ihm einen Termin für eine Einkaufstour aus. Seien Sie da nicht zögerlich oder bescheiden. Nehmen Sie Geschenke an, aber bitte ohne Gegenleistung! Wenn Sie seine Versprechungen gleich annehmen und Sie die sofort einlösen, haben Sie eher die Chance, es zu bekommen, schließlich hat er es ja versprochen. Warten Sie aber zu lange, wird er sich es später noch mal anders überlegen, wenn er wieder etwas klarer im Kopf ist und nicht mehr von seinen Gefühlen geleitet wird, und Sie bekommen ihr schönes Kleid nicht mehr. Ach, wie schade! Vielleicht sind Sie dann etwas enttäuscht. Wenn Sie ihn am Anfang aber gleich bei Wort nehmen und Nägel mit Köpfen machen, ist es ein sehr guter Test für Sie, ob er es mit seinen Versprechungen ernst meint, bevor Sie Ihre wertvolle Zeit mit ihm verbringen, um dann viel zu spät zu erfahren, dass es nur leere Worte waren, um Sie zu beeindrucken und rumzukriegen. Männer können sehr einfallsreich sein, um Sex zu bekommen.

Beobachten Sie sein Verhalten in der Öffentlichkeit. Ist er in einem Restaurant freundlich zum Servicepersonal? Beklagt er sich über dieses und jenes? Wenn er dies tut, dann wird er sich nach einer gewissen Zeit auch über Sie beklagen. Wenn Sie sein

Verhalten beobachten, werden Sie sich immer klarer darüber werden, was für Sie das Richtige ist. Wenn sie sich auch mal mit solchen Männer treffen, die eigentlich rein von der Chemie her wenig Anziehungskraft auf Sie haben, aber die sich so zuvorkommend Ihnen gegenüber und in der Öffentlichkeit benehmen, wie Sie sich es von einem Mann wünschen, bekommen Sie Klarheit, wie es sich anfühlen soll, wie er zu Ihnen stehen soll, wann er ein echter Kandidat ist. Sie werden immer zuversichtlicher. Weil Sie dadurch wissen: „Solche Männer gibt es also doch noch", und es bestärkt Sie somit in Ihrem Glauben, einen Mann zu finden, der zuvorkommend und anziehend für Sie ist. Die schlechten Männer werden anhand Ihrer Beobachtungen und dem Wissen, wie Sie behandelt werden wollen, schnell und radikal aussortiert, bevor sie sich noch schlimmer benehmen können. Eine Beziehung gehen wir mit Köpfchen ein. Wir sind positiv, aber wir sehen nicht alles durch die rosarote Brille. Schließlich hängen unsere Zukunft und unser Glück davon ab.

Er muss Sie spätestens beim dritten Rendezvous für einen Samstag anfragen. Warum? Männer, die nie am Samstag oder Sonntag Zeit haben, sind entweder in einer Beziehung, verheiratet, haben Kinder oder ihnen ist das Weggehen mit Freunden viel wichtiger.

Er möchte Sie zu einem Essen bei sich zu Hause einladen, Sie fühlen sich aber noch nicht bereit, um ihn zu besuchen, und möchten lieber auswärts essen gehen? Dann sagen Sie mit einem leichten Nasenrümpfen, als hätten Sie so ein Vorschlag noch nie gehört: „Ach so, bei dir?? Ähm ... dann doch lieber nicht." Sie erklären nichts weiter, er sollte nach diesem Satz selbst auf die Idee kommen, dass es angebrachter wäre, Sie in ein Restaurant auszuführen, als Sie zu sich nach Hause einzuladen. Wenn er Sie sehen möchte, wird er auch einen anderen Vorschlag machen. Und so können Sie ihn gleich testen, wie er auf diese Antwort reagiert.

Elena:
Matthias schrieb mir ein SMS und fragte mich: „Wie geht es dir? Habe schon lange nichts mehr von dir gehört. Lust auf ein Abendessen mit mir?" Ich antwortete: „Ja, doch! Heute habe ich zufällig Zeit." Er

schrieb: „Also dann um 19.00 Uhr bei mir." Da wunderte ich mich, wieso er keinen öffentlicher Ort oder ein Restaurant vorschlug. Ich ahnte schon, was da kommen würde, antwortete aber möglichst ahnungslos: „Ähm, und in welches Restaurant möchtest du gehen?" Er antwortete: „Bei mir, ich koche Nudeln mit Fleisch und wir könnten dann zusammen Fußball schauen." Ich antwortete kurz und präzise; „Ah, dann doch nicht." Matthias antwortete: „Okay, dann treffen wir uns im Restaurant Eden." So hat er mich in ein schönes Restaurant eingeladen und wir hatten einen schönen Abend. Ich glaube nicht, dass der Abend so besonders gewesen wäre, wenn ich zu ihm gegangen wäre. Für ihn wäre es natürlich bequem gewesen, er hätte keinen Schritt aus dem Haus tun müssen und gekocht hätte er so oder so für sich. Und außerdem hätte ich sein Gekochtes nicht mal besonders gemocht, da ich kein Fleisch esse.

Darum gilt: MACH ES DIR SO BEQUEM WIE MÖGLICH!

Die ersten fünf Dates sollten Sie sowieso noch nicht zu ihm nach Hause gehen, auch dann nicht, wenn Sie nach mehr hungern. Sie kennen ihn noch zu wenig, Sie wissen ja nicht, ob er Sie nach Hause einladen will, weil ihm das Auswärtsessen zu teuer ist, oder ob er keinen großen Aufwand betreiben möchte, um Sie ins Bett zu kriegen, oder sogar beides! Setzten Sie ihm schon von Anfang an Grenzen! Sonst können Sie es ihm nicht mehr abgewöhnen. Treffen Sie sich an einem Ort in Ihrer Nähe oder machen Sie immer dort etwas aus, wo es für Sie bequem zu erreichen ist. Kommen Sie ihm nicht auf halber Strecke entgegen, wenn er in einer anderen Stadt wohnt oder noch schlimmer, nehmen Sie keine lange Fahrt auf sich, um ihn in seiner Heimatstadt zu treffen. Der Mann, der Sie auf jeden Fall sehen möchte, soll sich auch dafür den Weg machen. Ist der Mann verliebt, nimmt er jede Distanz auf sich. Er soll sich um Sie bemühen. Die Männer, die nicht zu weit fahren wollen, sind häufig unaufmerksam, knausrig und egoistisch. Und außerdem sind diese Männer auch nicht besorgt, wie eine Frau nach Hause kommt und ob sie noch im Regen ohne Schirm durch ein ganz schlechtes Stadtviertel gehen muss.

Ein Erlebnis von Carolin:
Ich habe mich mit Tom in seinem Wohnviertel getroffen. Es war nicht so eine gute Gegend und ihm kam es leider nicht in den Sinn, mich mit dem Auto abzuholen. Wir trafen uns in einer Bar, die war noch sehr zentral und mit den öffentlichen Verkehrsmitteln gut erreichbar. Danach gingen wir an einen anderen Ort tanzen. Als wir dann nach Hause gehen wollten, fragte er, ob ich noch mit zu ihm käme. Ich verneinte. Wir gingen dann zu einer Bushaltestelle. Er sagte, dass kein Bus mehr für meine Richtung fahre, seiner komme aber in ein paar Minuten. Ich sagte noch: „Oje, ich mag aber nicht diesen weiten Weg in dieser Kälte um diese Zeit noch gehen." Das Einzige, was er darauf antwortete: „Du kannst ja noch mit zu mir kommen und dann am Morgen einen Bus nehmen." Er machte keinen Wink, um mir ein Taxi zu organisieren. Als dann der Bus kam, stieg er ein und sagte: „Du kannst ja mit mir noch eine Station fahren, dann ist es schon etwas näher bis zum Bahnhof." Kaum zu glauben! Er ließ mich tatsächlich in der Kälte bei –13 Grad in einer schlechten Gegend um 2 Uhr nachts alleine zum Bahnhof gehen. Bei den vorherigen Treffen hatte er sich immer sehr gut um mich bemüht, ich muss dazu sagen, wir hatten immer etwas in der Nähe von meinem Wohnort abgemacht. Weil ich so enttäuscht war und ich eine Stunde auf meinen Zug warten musste, ging ich in eine Bar, mich abregen und aufwärmen. Da wurde ich von einem netten Mann angesprochen. Es war dann doch noch ein schöner Abend. Tom schrieb mir dann noch ein SMS: „Bin jetzt zu Hause, bist du auch gut angekommen?" Ich antwortete: „Hauptsache, du bist gut heimgekommen, ich bin noch nicht zu Hause." Danach nahm ich drei Wochen lang keinen Anruf mehr von ihm entgegen und beantwortete auch keine SMS mehr. Für mich war das dann auch erledigt, ich konnte mich nicht in einen Kerl verlieben, der mich in der Kälte alleine stehengelassen hatte. Ein paar Monate später lernte ich Raphael kennen. Er holte mich von Anfang an bei jedem Treffen immer mit dem Auto ab. Er war immer herzlich und großzügig, ihm war es immer wichtig, dass es mir gut ging und ich gut nach Hause kam. Ich fühlte mich bei ihm immer total wohl, umsorgt und geborgen. Als er mich nach drei Monaten zu sich einlud, holte er mich mit dem Auto ab und fuhr mich auch wieder nach Hause. Ich verliebte mich in ihn, wir sind jetzt ein Paar.

Aufgepasst von dieser Sorte von Männern

Wenn es einem Mann zu leicht fällt, Frauen ohne Unsicherheit anzusprechen und er locker einen Spruch auf den Lippen hat, den er sicher schon tausend Mal angewendet hat und wenn er immer weiß, was er gerade sagen soll, um Sie zu beeindrucken und er Sie ständig wie durch Zufall betatschen möchte, dann ist er ein Aufreißer, der nur egoistisch nach seinen Interessen handelt. Der Sex mit diesem Typ Mann muss außerordentlich schlecht sein, weil er zu egoistisch ist.

Schenken Sie lieber einem Mann mehr Aufmerksamkeit, dem man ansieht, dass er nervös ist. Seine Unsicherheit bedeutet entweder, er mag Sie sehr oder er ist verlegen, weil er es nicht gewohnt ist. Seien Sie nett zu diesem Mann, entmutigen Sie ihn nicht, indem Sie forsch sind, weil er Ihnen nicht gefällt. Diese Männer brauchen große Überwindung, um eine Frau anzusprechen. Schätzen Sie es, dass er den Mut fand, auf Sie zuzugehen.

Männer, die schnell Liebeserklärungen von sich geben, sind meinen Erfahrungen und Beobachtungen nach eher mit Vorsicht zu genießen. Sie verfolgen damit oft Ziele, die nicht im Interesse einer Frau liegen, die an einer ernsthaften und dauerhaften Beziehung interessiert ist. Diese Männer sind auf ein schnelles Abenteuer aus oder sie sind am Anfang so begeistert von der Frau und verbringen möglichst viel Zeit mit ihr, geben am Anfang alles für diese Beziehung, machen Versprechungen, reden von der Zukunft und möchten zusammenziehen. Aber nach einer gewissen Zeit, wenn die Verliebtheit vorbei ist, meistens zwischen drei Wochen und drei Monaten, verlieren sie schnell das Interesse. Und so schnell, wie diese Männer in Ihrem Leben erschienen sind, so schnell verabschieden sie sich wieder. Diese Männer sind zu sprunghaft.

Finger weg von Männern, die gerade frisch Single geworden sind, diese Männer haben ein totales Gefühlschaos: Entweder möchten sie sich einfach wieder mal mit möglichst vielen Frauen vergnügen oder sie brauchen jemanden, der sie tröstet. Ich betone, BRAUCHEN! Für beide Gründe werden Sie nämlich gebraucht, für den Trost-Sex oder zum Reden (über seine EX natürlich). Ist sein Liebeskummer vorbei, oder hat er sich in verschiedenen Betten gewälzt und Sie denken, jetzt ist die Zeit gekommen für eine richtige, ernsthafte Beziehung, wird er Ihnen dann ganz verwundert offenbaren, dass es für ihn nie mehr war und er sich in eine andere Frau verliebt habe, oder noch schlimmer, er ist wieder zur Ex zurückgekehrt und bedankt sich für die wertvollen Gespräche mit Ihnen. Dann stehen Sie alleine verzweifelt und benutzt da, weil Sie Gefühle für diesen ach so armen Kerl entwickelt haben. Darum wiederhole ich es nochmals: Finger weg von Männern, die gerade eine Beziehung hinter sich haben. Wenn er Ihnen so gut gefällt, können Sie sich nach einem Jahr mal wieder bei ihm melden, falls Sie dann noch Single sind.

Er ist zu pessimistisch? Aufpassen!

Wenn uns jemand vorjammert, was alles schiefläuft und weh tut, ist er zu sehr mit sich selber beschäftigt, indem er sich bemitleidet. Außerdem reden die Jammerer immer nur von sich und sind keine guten Zuhörer. Versuchen Sie doch mal, zurück zu jammern. Er wird Ihnen nicht mal fünf Minuten zuhören und plötzlich etwas „Wichtiges" vorhaben und „leider" dann ganz schnell gehen müssen.

SMS spät in der Nacht

Anrufe oder SMS in der späten Nacht sind immer ein Zeichen, dass er gerade Lust auf ein Abenteuer mit Ihnen hat und er schon etwas angetrunken ist. Mit großer Wahrscheinlichkeit kommt er gerade vom Feiern und hat leider keine gefunden, die er mit nach Hause nehmen kann. Also ignorieren Sie solche SMS und beantworten Sie sie erst einen bis zwei Tage später. Er ist dann wieder nüchtern, mal schauen, ob er sich noch erinnern kann.

Ist er extrem empfindlich und schnell beleidigt, obwohl etwas gar nichts mit ihm zu tun hat?

Er ist ein extremes Sensibelchen ohne jegliches Selbstvertrauen, und wir wollen doch einen richtigen Kerl, der uns auf Händen trägt, ohne sich gleich das Kreuz zu brechen?!

Der Gefühlsarme

Er erscheint kalt, gefühlsarm oder hilflos, die Frau gleicht das mit mütterlicher, fürsorgender Wärme aus. Sie denkt, sie könne so seinen verborgenen weichen Kern knacken, bleibt aber immer unbefriedigt, weil er nie die Gefühle ihr gegenüber zeigen kann, die sie sich erhofft.

Böse Buben

Es ist nicht nachvollziehbar wieso es Frauen gibt, die immer wieder auf böse Buben reinfallen und die Warnungen von Familie und Freunden einfach ignorieren. Vielleicht wirkt er durch seine Dominanz sehr männlich und die Frau denkt, nur sie alleine hat es geschafft, diesen wilden Hengst zu bändigen, nur sie kommt an seinen weichen Kern. Wenn er eine Frau auf dem Radar hat, mutiert er zum Verführer und ist ganz zahm. Doch wehe, sie macht etwas, was ihm nicht gefällt, dann ist er auch zu ihr aggressiv, weil seine Launen einfach unberechenbar sind.

Der Selbstverliebte

Er hält sich für den Besten, er kann alles am besten, was er behauptet stimmt, da gibt es keine Widerrede. Das hat ihm seine Mama schon immer gesagt. Er kann sich alles erlauben, es ist ja schließlich nicht seine Schuld – seine Freundin ist schuld, dass er die Prüfung nicht bestanden hat, sie hat ihn vom Lernen abgehalten. Seine Erzählungen handeln immer davon, wie heldenhaft er sich angeblich verhalten hat. Er neigt sehr zu Übertreibungen. Und selbstverständlich ist er ein grandioser Liebhaber, auch wenn es nach drei Minuten zu Ende ist und er gleich schnarchend einschläft. Gewisse Frauen fühlen sich durch seine stolze Haltung und sein angebliches Selbstvertrauen zu ihm hingezogen und bewundern ihn. Er stellt sich selber immer in den Mittelpunkt, die Freundin hat das Nachsehen. Meist opfert sie sich für ihn auf.

Er fährt immer mehrgleisig

Er ist ein rastloser Optionen-Checker und fragt sich immer wieder: Gibt es noch eine Bessere für mich? Anstatt sich für die bestehende Beziehung einzusetzen, sind seine Antennen permanent auf Empfang bei anderen Frauen gerichtet. Er liebt nicht die **eine** Frau, nein, er liebt **die** Frauen, darum behandelt er sie am Anfang der Beziehung auch immer vorzüglich. Er ist meistens sehr charmant, smart, erfolgreich und intelligent. Das zieht viele Frauen an. Anstatt Single zu bleiben geht er lieber viele wechselnde Beziehungen ein, solange er nicht alleine sein muss, denn er liebt die Harmonie. Wenn die Frau nicht mehr seinem Ego schmeichelt, sucht er das Weite oder fährt mehrgleisig. Ich weiß allerdings, dass Frauen manchmal von einem scheinbar so Netten nicht so leicht lassen können.

Der Macho

Er gibt gerne an mit seinem Job, seinem geleasten Porsche, seiner Freundin. Wenn sie auch nur von einem anderen Mann angeschaut wird, reagiert er aggressiv und fängt einen Streit mit dem anderen Mann an, schließlich ist sie **sein** Besitztum. Die Freundin fühlt sich geehrt und freut sich, dass er ihretwegen mit anderen Männern eine Schlägerei beginnt. Aber mit der Zeit bestimmt er immer mehr über sie und sie unterdrückt ihre eigenen Wünsche.

Wieso melden Männer sich plötzlich nicht mehr?

Sie haben sich ein paar Mal verabredet und plötzlich meldet sich der Mann, der Ihnen so gut gefällt, nicht mehr. Jede, die das erlebt hat, weiß, welche Gedanken einem in einer solchen Situation durch den Kopf gehen. Man fühlt sich zurückgestoßen, man ist wütend und gleichzeitig verletzt, weil man annehmen muss, man habe etwas falsch gemacht. *Gefalle ich ihm doch nicht? Warum meldet er sich nicht? Bin ich nicht liebenswert? Ich lerne immer solche kennen, die kein Interesse an mir haben. Ich habe Angst, dass er mich nicht möchte und mich verlässt, er kann doch eine viel bessere Frau haben.*

Wollen Sie sich wirklich so viele Gedanken über den einen Typen machen, der sich anscheinend nur halb so viele Gedanken über Sie macht? Weil Sie so sehr auf diesen einen Mann fixiert sind, hindert es Sie daran, offen zu sein für Begegnungen mit neuen Männern. Sie sehen nur das Gute in ihm und denken: So einen kriege ich nie wieder. Schieben Sie solche Gedanken weg! Stattessen reden Sie sich ein: Ich bin eine Traumfrau und die Männer sind haufenweise hinter mir her. Auch wenn es gerade nicht so ist, tun Sie so als ob, um sich selbst wieder Mut zu machen und sich zu motivieren. Lassen Sie es zu, andere kennenzulernen und sich vielleicht sogar wieder neu zu verlieben. Sie bekommen genug Aufmerksamkeit von anderen Menschen – genießen Sie es, es wird Ihre Stimmung aufheitern. Erwarten Sie die Aufmerksamkeit nicht von jemandem, der sie nicht geben kann.

Es gibt keine Ausreden wie: „Ich bin ein viel beschäftigter Mann und habe fast keine Zeit, um dich zu treffen." Ein Mann, der so etwas sagt, hat zu wenig Interesse und trifft sich auch mit anderen Frauen. Wenn ein Mann verliebt ist, möchte er die Frau, die sein Herz berührt, möglichst oft sehen. Egal ob er viel zu tun hat oder nicht, er setzt alles daran, um sie zu sehen. Also am besten keine großen Emotionen für einen Mann, der sich ganz selten Zeit nimmt für Sie. Es nützt nichts, wenn Sie sich mehrmals bei ihm melden. Vielleicht gehen Sie davon aus, ihn durch Ihren Anruf zurückzubekommen, oder dass er Ihnen nicht entgleitet. Möchten Sie aber einen Mann jeden Tag an der Leine halten und ihn erinnern müssen, dass Sie auch noch da sind? Wir Traumfrauen haben dabei eher die passivere Aufgabe. Er ist der Jäger, er möchte uns erobern. Entweder kommt er, weil er Sie haben möchte und Sie hören dann immer wieder von ihm, oder eben nicht. Und das müssen Sie akzeptieren, der Nächste wird schon kommen. Gehen Sie wieder mehr aus und treffen Sie sich mit Freunden, haben Sie Spaß, flirten Sie. Verzweifeln Sie nicht, wenn Sie lange nichts mehr von ihm gehört haben. Sie können sich überlegen, ob Sie überhaupt so einen Mann möchten, der nicht in Sie verliebt ist. Sind Sie sich das wert? Eine Traumfrau wartet nie auf einen Mann! Betrachten Sie es mal ganz nüchtern und denken Sie bitte nicht, er wäre der Einzige auf dieser Welt, der für Sie geschaffen ist. Lassen Sie anderen Männern auch eine Chance! Sie müssen in der Lage und bereit sein, sich von einem Mann zu lösen, der nicht viel Interesse an Ihnen hat. Jede Beschäftigung ist erlaubt, nur grübeln und zweifeln nicht. Die einzige Person, über die Sie sich Sorgen machen können, sind Sie! Das ist erleichternd!

Bei meinen Tipps geht es nicht darum, wie viel Sie investieren wollen und wie sehr Sie einen Mann mögen, sondern darum herauszufinden, wie viel er Sie liebt. Am besten, wir verhalten uns wie Damen, nicht aufdringlich. Denn nur so finden wir durch seine Art und Weise heraus, wie er uns langfristig behandelt. Anstatt sich zu fragen: „Genüge ich ihm?" fragen Sie besser: „Passt er zu mir?"

Wenn er sich seit einiger Zeit nicht gemeldet hat und er Ihnen nicht mehr so ganz aus dem Kopf geht, dann melden Sie sich, wenn Sie es nicht lassen können und fragen nach einem Treffen. Fragen Sie nie einen Mann, wieso er sich bei Ihnen nicht mehr gemeldet hat, es muss locker sein, sonst wirkt es vorwurfsvoll. Es kann auf ihn abstoßend wirken, weil ein Mann sich nicht verpflichtet fühlen möchte, Ihnen Rechenschaft abgeben zu müssen. Schließlich sind sie noch nicht in einer Beziehung mit ihm. Nur seine Mutter kann ihn solche Sachen fragen wie: „Wieso meldest du dich nicht?" Am besten schreiben Sie ihm auf eine lockere, unkomplizierte Art, wie wenn Sie einem guten Freund schreiben. Aber merken Sie sich, ist ein Mann verrückt nach einer Frau, muss er nicht zuerst aufgefordert werden, um sich zu melden, er ruft bei ihr von sich aus an. Darum muss Ihnen immer bewusst sein, dass sein Nicht-Melden kein ernsthaftes Interesse bekundet!!!

So nimmt eine Beziehung einen schlechten Verlauf, weil schlussendlich Sie sich immer wieder bemühen müssen, um seine Aufmerksamkeit zu erwecken, aber Sie bekommen zu wenig und leiden darunter und dann sind Sie diejenige, die das Nachsehen hat und zu kurz kommt. Viele Frauen, die sich für den Partner aufopfern, merken es lange nicht. Sie geben immer mehr, bis er sich immer mehr Rechte herausnimmt und gemein wird. Er muss das Gefühl haben, es sei seine Wahl, dass er sich für diese Bindung entschieden hat, aber sobald eine Frau ihn auf irgendeine Weise halten möchte, wird er ihr immer mehr entgleiten! Versuchen Sie mal, den Fokus von ihm wegzurücken, er ist nicht der letzte Ritter im Sonnenuntergang.

Eine Frau, die stark ist, die nicht einem Mann hinterherjagt, hat großes Selbstwertgefühl und liebt sich selbst, ob sie in einer Beziehung ist oder nicht. Mit dieser Einstellung zu sich finden Sie einen Mann, der ausgeglichen und offen für eine Beziehung ist. Je mehr wir Zweifel aussenden, umso weniger können wir unser Herz öffnen und umso weniger Nähe bekommen wir von einem Mann. Wenn wir negative Energie aussenden, bekommen wir das zurück, was wir erwarten. Unsere Gedanken werden zu unserer Realität.

Affirmation: Ich habe jetzt eine wundervolle Beziehung. Mein perfekter Partner kommt jetzt in mein Leben und ich bin offen und bereit für eine Beziehung.

Stellen Sie sich nicht den Mann vor, in den Sie verliebt sind und den Sie anziehen möchten, sondern einen imaginären Traummann, der jetzt in Ihr Leben kommt. Keine Angst, Sie verschließen dadurch dem Mann, in den Sie verliebt sind, nicht den Zugang zu Ihrem Herzen. Sie machen sich frei und sind offen. Sie erweitern Ihren Horizont und erreichen das Nonplusultra. Die genaue Beschreibung dazu finden Sie im Kapitel: Sich den Traummann wünschen.

Affäre oder Beziehung?

Wenn ich mich verbindlich einlasse, dann ist es ernst und ich kann verletzt werden. Ist es eine Affäre, hat man emotionaler Abstand.

Es ist für ihn eine Affäre, wenn ...

- eine Frau einen Minirock trägt, der nur noch ihren Po bedeckt und sie mit großem Ausschnitt und förmlich nach Sex schreit.
- eine Frau aufreizend mit ihm tanzt, viel Körperkontakt zu ihm hat und sich überall anfassen lässt.

- eine Frau ordinäre Sprüche macht.
- sie sich respektloses Verhalten ihr gegenüber gefallen lässt.
- er sie als **eine** Freundin bei seiner Familie und seinen Freunden vorstellt.
- sie ihn vor anderen bloßstellt.
- sie ihm ihre einflussreiche berufliche Position um die Ohren schlägt und seine Karriere herabsetzt.
- er sie nirgendwohin mitnimmt, außer in sein Bett, und er ihr auch keine Chance gibt, mit ihm andere Dinge zu unternehmen.
- sie mit seiner Mutter nicht klarkommt und sogar schlecht über die Mutter redet.
- er sich von Anfang an keine Mühe gibt, sie den weiten Weg zu ihm fahren lässt, er nicht besorgt um sie ist. Von Anfang an basiert diese Beziehung auf seine Bequemlichkeit.
- sie einander nur einmal in der Woche sehen und er sagt, lassen wir es doch so, wie es ist, wird er sie nie heiraten wollen, sondern in Reserve behalten, bis eine andere kommt.
- er angeblich so wenig Zeit wegen der Arbeit hat. Liebt ein Mann eine Frau, dann möchte er so viel wie möglich mit ihr zusammen sein und er nimmt sich die Zeit.
- sie nie weiß, woran sie bei ihm ist.
- ein Mann ihr gar nicht zuhört oder kein Interesse daran hat, was sie so beschäftigt.
- sie für ihn peinlich ist und er sich nie mit ihr in der Öffentlichkeit zeigt.

Natürlich gibt es auch Männer, die für uns peinlich sind, mit denen lassen wir uns ja auch nicht blicken.

Es ist eine Beziehung, wenn:

- sie adrett gekleidet ist, die interessanten Stellen bedeckt aber doch sehr sexy durch ihre Art und Kleidung ist. Wie heißt es so schön? Weniger ist mehr!
- zurückhaltend mit ihm tanzt mit 30 cm Abstand zu ihm. Sie muss keine Show machen, sie bleibt sie selbst.
- sie genau zeigt, wo die Grenzen sind, die Männer haben großen Respekt von ihr.

- die Frau nicht auf ordinäre Sprüche von einem Mann eingeht, sondern ohne zu antworten das Thema wechselt.
- sie sich in jeder Situation behaupten kann, sei es mit seinen Freunden, Eltern oder bei geschäftlichen Anlässen.
- er sie voller Stolz als seine Freundin bei seiner Familie und seinen Freunden vorstellt.
- sie loyal, dankbar für seine Hilfsbereitschaft und Großzügigkeit ist und zu ihm steht. Und wenn sie ihm ab und zu das **Gefühl** gibt, dass er das Sagen hat.
- sie ihn für seinen Erfolg loben und bewundert.
- sie sich in jeder Situation behaupten kann und er sie überallhin mitnehmen kann, sei es zu geschäftlichen Anlässen, zu den Eltern, abenteuerliche Unternehmungen in der Natur oder sportliche Aktivitäten.
- sie sich mit seiner Mutter versteht.

Er ist verliebt wenn …
- er häufig etwas mit Ihnen unternehmen möchte, mehr als mit seinen Freunden.
- er viel an Sie denkt und er Sie überall dabeihaben will.
- er Ihnen eine Freude machen möchte.
- er mit Ihnen langfristige Pläne macht.
- er von seinen alten Gewohnheiten abweicht und sogar ans Heiraten denkt, obwohl das vorher nie sein Thema war.
- er für Sie Dinge macht, die er sonst für niemanden tut.
- seinen Freunden und seiner Familie auffällt, dass er plötzlich so überschwänglich und noch glücklicher ist und er sich zum Positiven verändert hat.
- er möchte, dass Sie in allen Bereichen seines Lebens präsent sind.
- Sie spüren es, Sie müssen sich solche Fragen gar nicht stellen.

Ist ein Mann sehr verliebt, dann hat er neben den sexuellen Fantasien auch Vorstellungen, wie es wäre, wenn er mit ihr zusammen ist. Da unterscheidet er sich nicht besonders von unserer Phantasie.

Christina erzählt:
Ich kannte einen Mann, der sehr verliebt in mich war. Er war sehr offen zu mir und erzählte mir von seinen intimsten Träumen: „Ich stelle mir vor wie ich mit dir an einem Strand liege, in eine Decke eingehüllt, und den Sonnenuntergang genieße." Oder: „Ich muss geschäftlich nach Dubai fahren. Kommst du mit? Wir könnten in einem schönen Hotel übernachten, und nach meinem Termin könnten wir zusammen Dubai entdecken und in die Wüste fahren. Das muss schön sein mit dir."

Muss er für eine Zeit geschäftlich wegfahren, dann fragt er sie, ob sie auch mitkommen möchte, denn er möchte sie gerne dabeihaben.

3.

Tricks und Gelegenheiten, um Männer kennenzulernen

Nutzen Sie jede Gelegenheit

Der erste Eindruck ist der wichtigste. So, wie er Sie kennenlernte, werden Sie ihm immer in Erinnerung bleiben, auch wenn Sie schon viele Jahre verheiratet sind.

Seien Sie freundlich, charmant und schenken Sie den Leuten, die Sie unterwegs antreffen oder mit denen Sie zu tun haben, ein Lächeln. Das ist nämlich das oberste Gebot, um von mehr Männern angesprochen zu werden. Auch wenn es Ihnen mal nicht zum Lachen zumute ist, zeigen Sie es nicht nach außen. Raten Sie mal: Wie viele Frauen werden freundlich angesprochen, die mürrisch gucken? Keine! Die kriegen höchstens einen mürrischen Blick zurück.

Wo kann ich meinen Traummann kennenlernen?

In größeren Städten gibt es regelmäßig Single-Veranstaltungen, Single-Partys und auch Tanz- und andere Kurse. Tatsache ist, dass Sie dort tatsächlich die Gelegenheit haben, andere Singles kennenzulernen, aber ob Sie damit Erfolg haben, ist eine andere Frage. Solche Veranstaltungen und insbesondere Kurse können durchaus Spaß machen, aber hier und da wird vor allem deutlich, wie verzweifelt manche Leute einen neuen Partner suchen, und das wirkt selten attraktiv, sondern sogar abschreckend. Darum rate ich Ihnen, an Single-Veranstaltungen eher beschränkt teilzunehmen oder es einfach mal in einer anderen Stadt auszuprobieren. Damit meine ich Sie sollten nicht jeden Single-Anlass besuchen, sonst treffen Sie immer wieder auf die gleichen verzweifelten Leute. Das könnte dann für Sie zu peinlichen Begegnungen kommen, und schließlich wollen Sie ja hoffentlich nicht zu den verzweifelten Singles gehören.

Am besten ist es, wenn Sie mit einer Freundin unterwegs sind, um etwas trinken oder essen zu gehen. Falls keine Freundin Zeit hat, mit Ihnen auszugehen, dann nehmen Sie Ihren ganzen Mut zusammen und gehen einfach alleine weg! Sie werden sehen, es lohnt sich! Als einzelne Person fallen Sie viel eher auf und Sie sind für die Männer ansprechbarer, als wenn Sie in einer Gruppe von Freundinnen unterwegs sind und mit ihnen in ein tiefes Gespräch verwickelt sind. Heutzutage gibt es viele Möglichkeiten, einen Mann kennenzulernen, sei es durch Singlebörsen im Internet, bei ähnlichen Hobbys, auf Partys oder auch einfach durch gemeinsame Bekannte. Auch gibt es so viele Orte, wo Sie auch gut alleine mal hingehen können. Gut eignen sich Vorträge über ein Thema, das Sie interessiert, so haben Sie einen einfachen Einstieg zu einem interessanten Gespräch, falls ein Mann Sie anspricht. Es ist viel entspannter, weil man sich nicht überlegen muss, was man sagen soll und außerdem ist es lehrreich.

Sehr beliebt sind After-Work-Partys – aber Achtung: Das lohnt sich nur von 17 bis 23 Uhr, aber unter der Woche reicht das ja, und in der Regel sagt man: „Bis 7 rein, bis 11 raus, bis 12 nach Haus", und ab 11 sind nur noch die Party-Gänger da.

Hier eine Liste, wo die Chance am ehesten bestehen, von jemandem angesprochen zu werden:

Club 24 %	Supermarkt 6 %	Bushaltestelle 2 %
Bar 15 %	Café 5 %	Fußballstadion 2 %
Konzert 15 %	Uni-Bibliothek 4 %	Laufstrecke 2 %
Museum 15 %	Schwimmbad 4 %	Wartezimmer 2 %
Büro 10 %	Fitnessstudio 2 %	Spielplatz 1 %
Events 10 %	Buchhandlung 2 %	Waschsalon 1 %

Flirten Sie mit Blickkontakt und einem Lächeln!

Trauen Sie sich, mit Blicken zu flirten, aber starren Sie einen Mann nie an. Es soll leicht kokett sein wenn Sie ihn kurz anschauen, ein Lächeln ins Universum senden und dann wieder den Blick abwenden. Das reicht schon. Sie lächeln ihn nicht direkt an, Sie lächeln, weil Sie zufrieden sind. So muss es aussehen! Das ist eine gute Möglichkeit, wenn Sie sich nicht trauen, einen Mann direkt anzuschauen.

Sie haben nichts zu verlieren und dafür gibt es viele Gelegenheiten – in Bars, auf Partys, wenn Sie an einer roten Ampel warten, in der Schlange an der Supermarktkasse, um nur einige Beispiele zu nennen. Sie werden überrascht sein, wie viele Männer Ihnen direkt zulächeln und dann ein Gespräch mit Ihnen anfangen. Aber ER sollte immer Sie ansprechen, das Ganze nimmt einen viel besseren Verlauf an, wenn er Sie scheinbar zuerst entdeckt und angesprochen hat. Und falls nicht, hat er wahrscheinlich einen guten Grund dafür. Dann ist es eben so und Sie gehen weiter, schließlich haben Sie ja mit einem direkten Lächeln gezeigt, dass Sie interessiert sind.

Wenn er dann zu Ihnen kommt … freuen Sie sich, seien Sie freundlich und gut gelaunt. Die Themen sucht er aus und er übernimmt die Führung, indem er zum Beispiel etwas zu trinken bestellt. Das Einzige, was Sie tun müssen, ist, ihm ein gutes Gefühl zu geben, indem Sie ihm vermitteln, dass Sie ihn witzig und interessant finden. So wird es nicht mehr lange dauern und er wird nach Ihrer Nummer oder nach einem Treffen fragen.

Die erste Begegnung ist das Wichtigste überhaupt, da können Sie so richtig punkten – oder eben, wenn er einen schlechten Eindruck von Ihnen bekommt, schlecht punkten, je nachdem, wie er Sie nach dem ersten Kennenlernen einschätzt.

Es hört sich jetzt schmerzhaft an, aber Männer unterscheiden sehr schnell zwischen drei Schubladen, und wenn Sie in so einer Schublade landen, bleiben Sie auch dort. Er wird Sie immer dort behalten, egal ob Sie sich später verändern, es bleibt in seinem Hinterkopf.

- Schublade 1: Diese Frau ist sexy und interessant, er möchte mehr über sie erfahren. Für eine Beziehung geeignet.
- Schublade 2: für ein oder mehrere sexuelle Abenteuer, aber nicht mehr.
- Schublade 3: weder noch, kein Interesse an dieser Frau.

Wenn Sie am Anfang schon den Eindruck erwecken, Sie seien leicht zu haben und für ihn eher als vorübergehende Beziehung oder Abenteuer gelten, wird er immer mal wieder diese Schublade 2 öffnen und schauen, was es hier für Frauen gibt und er wird Sie hervornehmen, wie es ihm so passt, ohne Rücksicht auf Ihre Gefühle. Wie Sie sich beim Kennenlernen und bei den ersten Treffen verhalten, ist darum äußerst wichtig. Darum lege ich in diesem Buch sehr großen Wert auf dieses Thema. Es geht darum, jemanden zu finden, der Sie achtet und respektiert.

Gehen Sie mit Freundinnen weg, mit denen Sie sich wohlfühlen und nicht zu viele Kompromisse eingehen müssen, denn dann sind Sie selber viel entspannter, zufriedener und strahlen das auch aus. Die Möglichkeit, dass Sie angesprochen werden, ist jedenfalls viel höher, als wenn Sie mit einer Person unterwegs sind, mit der Sie sich unwohl fühlen und wegen ihrer Art genervt sind. Machen Sie sich mal Gedanken, welche Personen Ihnen gut gesinnt sind, welche Sie unterstützen und mit welchen Sie sich nicht so richtig wohlfühlen. Gibt es Freundinnen, die Sie kleiner machen möchten, sobald ein Mann dazukommt? Gibt es Freundinnen, mit denen Sie unterwegs sind und dann nie von Männern angesprochen werden? Oder haben Sie eine Freundin, die wie ein Männermagnet ist? Auch wenn Sie das Gefühl haben, Ihre Freundin sei attraktiver als Sie, müssen Sie keine Angst haben. Sehen Sie es positiv! Es ist gut, wenn Ihre Freundin auffällt, es lockt die Männer an. Einer spricht sie an und die anderen sprechen mit Ihnen, denn Männer sind beim Ausgehen meistens zu zweit oder in einer Gruppe unterwegs. Es kann schon sein, dass ein Mann vielleicht Ihre Freundin als erste entdeckte, dann aber doch Sie interessanter findet. Die Leute haben manchmal auch Vorurteile gegenüber Frauen, die sehr attraktiv sind. Viele Männer fühlen sich mit einer Frau wohler, die sehr natürlich ist und vom Attraktivitätsgrad her etwa auf dem gleichen Niveau ist.

Und falls der Mann es schafft, durch seine Kontaktaufnahme interessant zu sein für eine Traumfrau, so gewährt sie ihm vielleicht die Gunst eines kurzen ersten Treffens an einem unverfänglichen, neutralen, öffentlichen Ort, den er vorschlägt und sie annimmt, wenn der Vorschlag ihr gefällt, etwa in einem Café. Es geht also NICHT um eine mögliche Beziehung, sondern darum, ob die Traumfrau mit diesem Mann eine Tasse Kaffee trinkt, sprich, nur um ein erstes Date! Die Traumfrau stellt sich nur eine einzige Frage: Mache ich mir die Mühe und nehme ich mir Zeit für dieses Treffen? Mehr nicht! Sie macht sich keinen einzigen Gedanken über das bevorstehende Date. Erst wenn die Traumfrau im Laufe der langen Kennenlernphase wirklich weiß, was er für Absichten hat und ob dieser Kandidat ihren Vorstellungen entspricht und er tatsächlich eine Beziehung anstrebt, es ihr gegenüber auch immer wieder sagt und zeigt, er alle weiteren Kandidaten souverän ausgestochen hat und er für die Traumfrau dann immer noch interessant und geeignet für mehr als eine Bekanntschaft erscheint ... ERST DANN überlegt sie sich ernsthaft, ob eine Beziehung mit ihm infrage kommt!!

Bis dahin flirtet sie mit ihm, lässt sich von ihm ausführen, aber ohne je ein Wort über eine mögliche Beziehung mit ihm zu verlieren!

So machen Sie ihn verrückt, und er wird Sie um ein Treffen bitten!

Sie müssen nicht viel Haut zeigen, um häufiger angesprochen zu werden. Kleiden Sie sich einfach sehr feminin und benehmen Sie sich auch dementsprechend, all Ihre Gesten sind fein, zart, entspannt, ruhig und verführerisch. Sie müssen weder reich, schön oder geschäftlich sehr erfolgreich sein, seien Sie einfach mit dem zufrieden, was Sie sind. Männer mögen Frauen, die natürlich und nur wenig geschminkt sind. Mit Barbie-Puppen können schon kleine Jungs nicht viel anfangen und bei großen, erwachsenen Jungen wird sich da auch nicht viel ändern. Eine Frau, die sich wie ein Püppchen benimmt und so aussieht, wird bei ihm nur ein kurzfristiges Interesse wecken, wenn überhaupt.

Wenn Sie einen Raum betreten, strotzen Sie nur so vor Selbstbewusstsein und Glanz. Sie sind glücklich und benehmen sich so, als würde alles super laufen, auch wenn Ihre Stelle gerade gekündigt worden ist und Sie vorübergehend bei den Eltern wohnen müssen, weil Sie kein Geld haben für eine Wohnung. Strahlen Sie Freude aus, als hätten Sie im Lotto gewonnen. Immer so tun als ob, so bringen Sie sich am einfachsten wieder dorthin, wo Sie hin möchten. Nämlich zum Glück! Sie denken immer wieder: „Der Mann, der MICH kriegt, kann sich glücklich schätzen." Und wenn einer kein Interesse hat, denken Sie: „Tja, sein Pech, wenn er mich nicht will."

Seien Sie nicht die ganze Zeit mit ihrer Freundin in einen Gespräch verwickelt und sitzen Sie nicht in einer unsichtbaren Ecke. Sie lassen immer mal wieder den Blick schweifen und nehmen Blickkontakt zu Männern auf. Auch sitzen Sie nicht den ganzen Abend am gleichen Ort, sondern gehen ab und zu mal durch den Raum, aber alleine! Männer sprechen eine Frau eher an, wenn sie in Bewegung ist. Wenn sie langsam an ihm vorbeigeht mit einem offenen Lächeln, wird er nicht widerstehen können.

Er braucht doppelte Überzeugungskraft und Mut, eine Frau anzusprechen, die in Begleitung ist, also machen Sie es ihm etwas leichter, indem er Sie auch mal alleine abpassen kann. Sie plappern nicht einfach drauf los ohne Punkt und Komma. Sie hören aufmerksam zu und machen keine hektischen Bewegungen, NEIN, Sie sind die Ruhe selbst. Sie gehen nicht zu den Männern und sprechen diese an. Vertrauen Sie auf das Naturgesetz „Männlein jagt Weiblein". Der Mann muss der aktivere Teil sein, sonst ziehen Sie jemanden an Land, bei dem immer Sie die Initiative ergreifen müssen. Das ist auf Dauer sehr unbefriedigend. Wir Frauen brauchen das Gefühl, begehrenswert zu sein.

Der durchschnittliche Mann braucht einen gewissen Anlauf, um eine Frau anzusprechen, die ihm außerordentlich gefällt. Nur ein aalglatter Kerl, der ständig Frauen anspricht, schreckt vor einer Abfuhr nicht zurück. Dieser Typ Mann geht dann einfach zu einer anderen und sagt den gleichen Spruch. Aber wir möchten ja von solchen Männern angesprochen werden, die wirklich an uns Interesse haben! Diese Männer brauchen unsere Unterstützung, um den Mut zu finden, uns anzusprechen. Der Mann braucht somit ein Zeichen von Ihnen, dass er Sie ansprechen darf, indem Sie den Blickkontakt über einen flüchtigen Moment hinaus verlängern, etwa bis zu fünf Sekunden, und ihn anlächeln. Das funktioniert ganz bestimmt. Er wird dann auf Sie zugehen.

Geben Sie ihm damit auf eine feine weibliche Art zu verstehen, dass er willkommen ist und er sich um Sie bemühen darf. Und wie sollen Sie das anstellen? Ganz einfach, locken Sie ihn, indem Sie ihm mit einem verführerischen Blick in die Augen schauen, die Haare mit einer Kopfbewegung nach hinten werfen und dann mit der Hand über die Haare streichen. Schauen Sie ihm tief in die Augen, und ein interessierter Mann wird zu einem brennend interessierten Mann. Lächeln Sie, seien Sie freundlich zu ihm und lachen Sie über seine Sprüche. Ein Mann mag es, wenn man über seine Sprüche lacht. Natürlich nur, wenn es nicht unter die Gürtellinie geht, ansonsten entfernen Sie sich besser ganz schnell.

Wir Frauen eröffnen die Jagd und er darf uns jagen. Wenn Sie aber gar nichts tun und ihn nicht beachten, hat er auch kein Ziel. Wenn die Frau das „andere Extrem" darstellt, nämlich zu offensiv an die Sache herangeht und dem Mann nicht den ersten Schritt überlässt, dann hat es auch wenig Wirkung. Denn auch in emanzipierten Zeiten lieben immer noch viele Männer das Gefühl, die Frau selber „erobert" zu haben.

Wenn er etwas erzählt, hören Sie ihm aufmerksam zu. Auch wenn es Sie total langweilt. Vielleicht ist er einfach nur nervös und weiß nicht so recht, was er sagen soll und erzählt darum so ausführlich von seiner langweiligen Arbeit als Buchhalter.

Falls wir einen tollen Mann kennenlernen, dann bleiben wir nicht stundenlang bei ihm sitzen in der Angst, er könnte uns wieder entwischen. Nach spätestens 30 Minuten Unterhaltung mit ihm sagen wir: „Huch, wie die Zeit vergeht, jetzt muss ich aber weiter."

Sie verabschieden sich immer als Erste von ihm. ER muss in dieser Zeit nach Ihrer Nummer gefragt haben, spätestens bei der Verabschiedung. Wenn er bis dahin nicht nach einem weiteren Treffen oder Ihrer Nummer gefragt hat, ist er zu wenig an Ihnen interessiert.

Gerade weil viele Frauen sich gleich verhalten, müssen Sie um aufzufallen nichts anderes tun als: ANDERS ALS ALLE ANDEREN zu sein. Sie bewegen sich feminin, verführerisch. Auf keinen Fall draufgängerisch! Draufgängerisch ist ein Verhalten, das männlich ist, nicht weiblich. Ihr Blick wandert nachdenklich durch den ganzen Raum, Sie haben Zeit und machen keine hektischen Bewegungen. Sie machen auch keine Tanzshow wie ein Go-go-Girl, um einen Mann anzulocken; wenn Sie eine ernsthafte Beziehung möchten, ist das sicherlich die falsche Show.

Ihre Art und Ihr Verhalten sind für ihn immer unvorhersehbar. Das findet ein Mann total aufregend und spannend. Das Gleiche gilt bei der Kleidung. Seien Sie immer anders gekleidet. Wenn er Sie in Jeans kennengelernt hat, so kommen Sie das nächste Mal in einem Rock oder eleganten Kleid. Stecken Sie für Ihre ersten zwei Dates die Haare hoch oder binden Sie sie zusammen. Das regt seine Fantasie an, er stellt sich vor, wie sie wohl mit offenen Haaren aussehen. Das anfängliche Kribbeln wird sich nach einiger Zeit legen, also genießen Sie es doch, ihn langsam kennenzulernen und weniger von sich preiszugeben.

Hängen Sie sich nicht gleich an den gut aussehenden Mann, mit dem Sie ins Gespräch gekommen sind. Ihre Aufmerksamkeit gilt an diesem Abend nicht nur ihm alleine, schließlich sind Sie mit Ihrer Freundin hierher gekommen und nicht mit ihm, er muss sich Ihre Aufmerksamkeit erkämpfen. So sind Sie viel interessanter für ihn. Flirten Sie mit ihm, so bleibt er bei Ihnen und er merkt auf diese Art, dass er auf Sie interessant wirkt. Aber er muss erkennen, dass Sie wegen ihm nicht alles stehen und liegen lassen, schon gar nicht enge Freunde. Am ersten Abend beim Kennenlernen verschwinden Sie also nicht gleich stundenlang mit einem Mann in eine einsame Ecke, machen mit ihm herum und erzählen ihm, wie sehr Sie sich nach einer

Liebesbeziehung sehnen. Klammert eine Frau zu sehr, wirkt sie auf einen Mann „liebesdürftig“ und das ist unerotisch, da wird er schnell die Flucht ergreifen. Traumfrauen haben ihren Spaß mit oder ohne Mann und lassen ihre Freunde nicht einfach stehen für einen noch fremden Kerl. Wenn er Sie alleine haben möchte, dann muss er schon um ein Einzeldate bitten. So können Sie gleich die Männer aussortieren, die an diesem Abend nur ein kurzes Abenteuer möchten. Und außerdem kommen Sie so auch nicht in Versuchung, ihn gleich am ersten Abend zu küssen, wenn Sie nicht mit ihm alleine rumsitzen. Auch wenn Sie es noch so gerne tun würden, lassen Sie es! Sonst denkt er sich noch, Sie seien leicht zu haben, und sein ernsthaftes Interesse an Ihnen schwindet. Das wäre schade, vor allem, wenn er Ihnen gut gefällt. Abenteuer können wir Frauen an jeder Ecke haben, aber einen Mann für eine Beziehung zu finden, ist eine Herausforderung.

Zu viel anfängliche Aufmerksamkeit einem Mann gegenüber wirkt schnell anhänglich und ist nicht sehr aufregend für ihn. Sie dürfen nie bei einem Mann den Eindruck hinterlassen, dass Sie sich so sehr eine Beziehung wünschen und er der einzige ist, der Ihnen gefällt, weil es sonst ja niemanden gibt in Ihrem Leben. Ich höre immer wieder von Männern die gleiche Aussage: „Eine Frau muss Ecken und Kanten haben, sonst ist es irgendwie langweilig oder zu uninteressant.“

Tun Sie so, als hätten Sie hunderte Verehrer und wären es gewohnt, von gut aussehenden Männern angesprochen zu werden. Unterlassen Sie solche Sätze wie: „Ich habe noch nie so einen tollen Mann wie dich kennengelernt, ich werde sonst immer von Psychopathen angesprochen.“ Sie werden jetzt lachen, aber genau solche Sätze höre ich immer wieder von den verschiedensten Frauen. Er denkt sich, etwas stimmt mit Ihnen nicht und wird bald die Flucht ergreifen, oder vielleicht sich noch die Mühe machen, Sie am gleichen Abend ins Bett zu kriegen, um dann nie mehr von sich hören zu lassen. Er darf nicht gleich das Gefühl bekommen, er sei der Beste und unwiderstehlich, sonst glaubt er, weil alle anderen mit Ihnen schlecht umgehen, kann er es sich auch leisten.

Falls er nach Ihrer Nummer fragt, und das wird er mit allerhöchster Wahrscheinlichkeit tun, wenn er Sie ja schon angesprochen hat und Sie ihm gefallen, dann zählen Sie zuerst innerlich auf 5, so als seien Sie sich nicht sicher und würden es sich noch überlegen, und dann sagen Sie: „Ja, sehr gerne, wir können die Nummern tauschen." Wenn er Sie fragt, ob Sie auch auf Facebook sind, anstatt nach der Nummer zu fragen, sagen Sie lächelnd: „Ich bin ganz selten auf Facebook." Er soll Sie persönlich kennenlernen bei einem Rendezvous und nicht durch Nachforschungen über Sie im Internet. Er sollte nur das Minimalste über Sie erfahren.

Fragt er Sie nach einem ersten Treffen, warten Sie 3–5 Sekunden, bis Sie antworten. Tun Sie so, als würden Sie sich überlegen, ob Sie Zeit für ihn haben und dann sagen Sie langsam, als wären Sie noch nicht ganz sicher: „Ich könnte e v e n t u e l l am …", oder wenn er einen Tag vorschlägt: „Jaaaa … das könnte gehen." Das zögerliche e v e n t u e l l mildert ihre Begeisterung etwas ab und Sie zeigen ihm somit, dass er sich noch nicht zu sicher sein sollte, denn Sie wirken nicht so, als hätten Sie nur auf diese Frage gewartet. Er darf Sie noch jagen und muss sich um Ihre Aufmerksamkeit bemühen. Er hat jetzt nach einem Date gefragt und Ihre Nummer hat er auch, dann ist es nicht mehr nötig, mit ihm noch den Abend zu verbringen, sonst erfährt er zu früh zu viel von Ihnen. Besser ist es, wenn Sie sich jetzt mit einem süßen Lächeln von ihm verabschieden. „So, jetzt muss ich aber gehen …" So bleiben Sie geheimnisvoll. Viele Frauen sind zu verkrampft, wenn sie von einem tollen Mann angesprochen werden, sie bleiben stundenlang bei ihm sitzen, sind vorlaut und übermütig, sie möchten ihn auf keinen Fall verlieren, wenn sie doch endlich mal einen Traummann an der Angel haben. Sie haben Angst – ohgottohgottohgott, er könnte wieder gehen. Sie möchten ihn davon überzeugen, wie toll Sie sind, und verkrampfen sich, weil Sie innerlich denken, dass Sie einen solchen Mann nicht verdienen. Er spürt, wie unsicher Sie sind. Nun, wenn wir uns an einen Mann klammern, ist die Möglichkeit viel größer ihn zu verlieren, wir riskieren damit, ihm lästig zu werden. Er fühlt sich einfach zu überfordert und bekommt keine Luft mehr zum Atmen.

Sie verabschieden sich immer als Erste, und auf keinen Fall sagen Sie so etwas wie: „Ruf mich an, okay?“ Warum? Weil dieser Satz aussagt, wie unsicher Sie sind, ob er sich überhaupt bei Ihnen meldet. Wir dürfen einem Mann nie unsere Unsicherheit zeigen, wir tun so, als ob wir jeden Tag nach der Nummer gefragt werden. So werden wir noch begehrenswerter.

Begegnen Sie mehrmals einem Mann, der Ihnen aufgefallen ist und Ihnen gefällt, lächeln Sie ihn an, schauen Sie ihm direkt in die Augen und sagen „hallo“, da kann er nicht widerstehen und wird bestimmt anbeißen. Falls er nicht von sich aus ein Gespräch anfängt, gehen Sie ganz, ganz langsam und immer noch lächelnd an ihm vorbei. Dann wird er bestimmt anbeißen, er braucht vielleicht ein wenig Überwindung. Ist er scheu und hat Sie immer noch nicht angesprochen, dann beginnen Sie halt das Gespräch. „Hey, wohnst du hier in der Gegend?“ Sagen Sie **nie** so etwas wie: „Du bist mir schon länger aufgefallen, ich möchte dich besser kennenlernen.“

Lachen Sie über seine Witze, seien Sie fröhlich

Als Instrument der Verständigung nutzte der Mensch das Lächeln noch vor der gesprochenen Sprache. Er drückte damit aus, dass er einem anderen gegenüber gut gesinnt war. Es war ein Instrument, das er gekonnt einsetzte, um sich vor Übergriffe zu schützen. Die mit dem Lächeln verbundenen Konnotationen sind zuweilen völlig gegensätzlich, das gestellte Lächeln wirkt künstlich, nicht sehr ehrlich und vertrauenswürdig, eine Person mit einem offenen ehrlichen Lächeln wird im Allgemeinen als sympathisch, glücklich und kommunikativ wahrgenommen. Dieses wohlbekannte, uns allen zur Verfügung stehende Lächeln übertrifft die Macht der Worte und bringt Glück in unser Leben. Es ist derartig kraftvoll, dass es selbst die Kraft der Schönheit eines Menschen ohne Lächeln in den Schatten stellen kann;

eine hübsche Frau, die nicht lächelt, wird als kalte Schönheit wahrgenommen, die mit der Zeit verblasst, wohingegen eine lächelnde Frau, deren physische Schönheit nicht so sehr den geltenden Kriterien entspricht, als anziehend und verführerisch empfunden wird. Wenn Sie lächelnd durch die Welt gehen, steht Ihnen die Welt offen.

Lachen ist der wohl einfachste und effektivste Weg, die eigene Attraktivität um ein Vielfaches zu steigern und Ihre Umgebung mühelos für sich zu gewinnen. Lachen ist die sicherste Methode, angesprochen zu werden. Lachen wirkt wie ein Aphrodisiakum! Wenn ein Mann eine Frau zum Lachen bringen kann, wird das Eis gebrochen und er hat sicher gute Karten bei ihr. Es wurden schon zahlreiche Untersuchungen über das erste Kennenlernen und erste Dates gemacht, bei denen die Gespräche aufgenommen und das Verhalten beobachtet wurde. Bei dieser Forschung war auffällig: Je mehr eine Frau zum Lachen gebracht wurde, umso größer war ihr Wunsch, den Mann wieder zu treffen, unabhängig davon, wie oft er während des Gespräches gelacht hatte. Und die Männer wollten umgekehrt am liebsten die Frauen wiedersehen, die sie zum Lachen bringen konnten. Umso besser, so müssen Sie sich nicht anstrengen, um den Spaßvogel zu spielen, Sie können es getrost ihm überlassen. Lachen sie über seine Witze. Was gibt es Schöneres, als wenn ein Mann Sinn für Humor hat?

Er soll Ihnen den Hof machen, lassen Sie es zu

Es ist der instinktive Wunsch eines Mannes, einer Frau den Hof zu machen und sich um sie zu bemühen. Es ist alles sehr natürlich für einen Mann, wenn er die Initiative ergreifen kann. Er ist daran interessiert, er fühlt sich damit besser, und wenn wir ehrlich in uns hineinhorchen, fühlen auch wir uns damit besser. Also lassen Sie es zu, dass er sich um Sie sorgt. Sie müssen einfach mal abwarten und sehen, was passiert, wenn Sie die Führung ganz ihm überlassen! Damit, die Führung ihm zu überlassen meine ich: Nichts überstürzen, er soll sich aus eigener Initiative melden. Er soll von sich aus nach einem Treffen fragen. Wir fragen nicht. So gibt das uns die Sicherheit, geschützt und zufrieden zu sein mit jedem Mann, der uns treffen will, weil es seinen Wunsch ist, uns zu sehen, ohne dass wir ihn zuerst überzeugen müssen. So merken wir sehr schnell, ob dieser Mann wirklich echtes Interesse hat.

Svenja:
Ich war zu einer Party von einem Freund (Tim) eingeladen, Tim hatte eine eigene Bar und machte jeden Monat eine tolle Party. Dort lernte ich einen Italiener kennen. Wir tanzten miteinander. Beim Tanzen hielt ich auf eine flirtende Art etwas Abstand, er wollte immer mit vollem Körperkontakt tanzen, wie er es gewohnt ist von den meisten Frauen. Es reizte ihn nur noch mehr, weil ich immer wieder auf Abstand ging. Er wich nicht mehr von meiner Seite. Am Schluss begleitete er mich bis kurz vor mein „Auto" beziehungsweise mein Fahrrad – ich hatte ihm erzählt, ich wäre mit dem Auto da und blieb dann vor irgendeinem Auto stehen. Er wollte Nummern austauschen. Wir hatten aber beide das Handy nicht dabei und etwas zum Schreiben auch nicht. Er schlug vor, ich könne doch hier auf ihn warten, bis er sein Auto geholt habe, er habe sein Handy im Auto. Ich sagte kokett: „Oh nein, hier ist es nicht so schön für eine Frau, um alleine zu warten." Er schlug vor, dass ich ihn in die Tiefgarage begleiten solle, er könnte dann meine Nummer in seinem Handy abspeichern. Ich sagte: „Lieber nicht, das ist etwas umständlich für mich. Ich sage dir meine Nummer einfach auf." Ich sagte ihm meine Nummer. Er antwortete, er könne sich das niemals merken, bis er beim Auto ist. Ich sagte: „Dann sehen wir uns auf der nächsten Party in einem Monat" und verabschiedete mich herzlich von ihm. Am nächsten Tag, etwa gegen Mittag, rief er voller Freude und Stolz an und fragte mich nach einem Treffen. Er war richtig begeistert von seiner Tat. Er sagte nicht, von wo er meine Nummer hatte, aber ich wusste, er hatte Tim danach gefragt.

Halten Sie sich etwas zurück, lassen Sie ihn führen. So wird er Ihre Bedeutung spüren, ohne dass Sie viel sagen müssen. Die Frau fühlt sich beschützt und feminin, der Mann fühlt sich stark und männlich. Gleichzeitig finden Sie durch Ihre Zurückhaltung viel eher heraus, ob er aufmerksam ist und wie sehr er sich um Sie bemüht. Wenn Sie ihm die Führung überlassen, können Sie schneller feststellen, ob er zu Ihnen passt. Sie können mehr beobachten, was er für Interesse hat, was er für Lokale vorschlägt, wie seine Welt aussieht.

Viele werden jetzt fragen: Sollte ich nie einen Mann ansprechen?

Natürlich gibt es Ausnahmen, bei denen die Frau den Mann angesprochen hat, sogar um ihn gekämpft hat und glücklich mit ihm ist. Zu diesem Zeitpunkt war sie stark, sie wollte diesen Mann und war überzeugt, sie kriegt ihn! Sie nahm sich, was sie wollte! Wenn sie diese selbstbewusste Stärke in der Beziehung bewahren kann, ohne zu dominieren, ihm die Führung überlässt und feminin bleibt, dann ist es auch richtig. Dann hat sie den Mann bekommen, den sie sich ausgesucht hat und er wird es zu schätzen wissen, weil sie ihm zu spüren gibt, dass sie wertvoll ist und sich nur mit dem Besten zufriedengibt. ER hat etwas dazugewonnen. Leider aber kämpfen die meisten Frauen nicht aus Stärke und Überzeugung, sondern aus Angst vor dem Alleinsein, Verlassen zu werden oder ohne diesen Mann nicht glücklich zu sein und sie geben ihm das Gefühl, sie brauchen ihn, weil sie ohne ihn nicht erfüllt sind. Das ist ein gewaltiger Unterschied, denn eine solche Frau kämpft für den Mann nicht aus Stärke, sondern aus Verzweiflung. Damit verliert sie ihre Attraktivität für diesen Mann.

Ist immer die Frau diejenige, die hinter ihm her ist, und zeigt er nicht so viel Interesse wie sie, dann schlägt die Beziehung einen unglücklichen Weg für diese Frau ein.

Ein Mann bekommt Angst, wenn er merkt, dass ihm Ketten angelegt werden. Sobald eine Frau zu offensichtlich von ihren Gefühlen ihm gegenüber spricht und von ihm verlangt, dass er mehr Zeit mit ihr verbringen sollte, beginnt er sich immer mehr zurückzuziehen. Zeigen Sie Interesse an ihn, aber sagen

Sie ihm nie, dass Sie große Sehnsucht nach einer Beziehung haben. Solange er Ihnen nicht gestanden hat, dass er sich in Sie verliebt hat und mit Ihnen zusammen sein möchte, existiert das Wort „Beziehung" in Ihrem Vokabular nicht. Dieses Verhalten ist ungewohnt für ihn, das macht Sie interessanter. Die anderen Frauen reden schon beim Kennenlernen über eine feste Bindung. Jetzt unterscheiden Sie sich von den anderen und das ist es, was ihn an Ihnen so reizt und was er spannend findet. Wenn er verliebt ist, wird er von sich aus dieses Thema anschneiden, weil er gar nicht anders kann. Männer hassen es, wenn eine Frau am Anfang der Beziehung gefühlsdusselige Briefe, Mails oder SMS schreibt. Er verzieht dann nur das Gesicht, als hätte er in eine saure Zitrone gebissen. Es wirkt auf ihn zu bedürftig und anhänglich und er hat Bedenken, dass sie dann zu sehr an ihn klebt. Die Herausforderung geht somit verloren. Darum gilt: Sagen Sie ihm nie als Erste, wie verliebt Sie in ihn sind, das könnte ihn erdrücken. Auch wenn Sie noch so verknallt sind, *lassen Sie es*! Er sollte immer zuerst seine Gefühle Ihnen gegenüber ansprechen. Zeigen Sie ihm einfach, dass Sie ihn mögen, rein freundschaftlich versteht sich, ohne ihn unter Druck zu setzten. Die beste Wirkung erzielen wir, indem wir ihm mit Gesten zeigen, dass wir ihn mögen, dass wir uns freuen, wenn wir ihn sehen, dass wir die Zeit mit ihm genießen. Mehr nicht, das reicht schon. Indem wir mit ihm flirten, können wir ihm zeigen, dass wir ihn attraktiv finden, aber wir reden nicht über Gefühle und Beziehungen, solange er nicht danach fragt. Wir flirten mit ihm, um nicht zu abweisend zu sein und weil wir Spaß daran haben. Wenn ein Mann es gewohnt ist, dass Frauen sehr direkt sind und hinter ihm her sind, dürfen wir nicht zu kühl sein, weil er dann vermutet, wir hätten gar kein Interesse an ihm. Männer wollen wissen, ob sie eine Frau erobern können oder ob sie wenigstens eine Chance haben, sie für eine Nacht rumzukriegen oder ob sie die Richtige für eine Beziehung ist. Erst danach, wenn er in eine Frau verliebt ist und er eine Beziehung mit ihr eingeht, wird es für ihn wichtig, ob auch er von ihr geliebt wird. Vorher interessiert es ihn nicht groß. Es macht darum keinen

Sinn, wenn eine Frau zuerst ihre Gefühle für ihn offenbart. Es reicht vollkommen aus, ihm gegenüber Sympathie zu zeigen. Der Eroberungsdrang eines Mannes ist darauf ausgerichtet, zu erobern. Dabei wollen Sie aber kein zu großes Risiko eingehen. Sie suchen insgeheim immer nach dem geringsten Risiko. Das ist Ihnen angeboren und es ist klug. Bei der Jagd unkalkulierbare Risiken einzugehen wäre dumm. Eine Liebeserklärung gegenüber einer Frau, die diese Erklärung abweisen könnte, ist für einen Mann ein hohes Risiko. Seine Seele ist zu verletzlich; sein Drang nach Erfolg zu groß.

Für eher schüchterne Frauen ist es eine Kunst am Anfang nicht zu abweisend zu erscheinen, wenn Sie gleichzeitig nicht so viel von sich preisgeben möchten. Seien sie sehr herzlich! Wenn Sie nämlich zu abweisend auf ihn wirken, grade weil Sie ja meine Tipps anwenden und ihm selten anrufen, denkt er sich, Sie haben überhaupt kein Interesse an ihm und er wird es nicht mehr lange durchziehen. Er möchte sich für etwas einsetzten, wo er merkt, dass er zu seinem Ziel kommen könnte. Ansonsten denkt er, dass er sich lieber für eine andere einsetzen soll, weil es bei Ihnen aussichtslos ist. Und die Biene fliegt zu einer anderen Blüte. Männer mögen es überhaupt nicht, wenn sie wegen einer Frau den Kopf verlieren, dieses geschieht, wenn Sie zu gleichgültig sind und sich gar nie bei ihm zurück melden. Er braucht schon etwas Motivation und Antrieb von Ihnen, indem Sie ihm auch ab und zu anrufen und ihm zeigen; dass Sie es genießen mit ihm zusammen zu sein. Beim Date lernen Sie ihn zu loben, anerkennen, unterstützen ihn, hören ihm zu, berühren ihn ab und zu am Arm.

Große Wirkung: Lächeln Sie verführerisch, werfen ihm einen tiefen Blick zu und legen Ihre Hand flüchtig auf seine. Dann ziehen Sie die Hand wieder weg als hätten Sie es gar nicht bemerkt und reden völlig normal weiter. Wir zeigen ihm unsere Zuneigung mit Zurückhaltung ohne Worte. Jede Wette, das hat die größte Wirkung auf ihn.

Online-Dating

Falls Sie bei einem Single-Portal angemeldet sind, können Sie durch Männerprofile stöbern, auf das Profil klicken und abwarten, ob er schreibt. Das Durchstöbern ist ganz gut, weil Männer, die nicht gerade Internetjunkies sind, auch nicht stundenlang am Computer sitzen und Profile anschauen. Dazu haben sie viel zu wenig Zeit. Die meisten sind nur kurz im Internet. Und wenn ein Mann sieht, dass Sie sein Profil angeklickt haben und Sie ihm gefallen, dann wird er garantiert schreiben. So haben Sie die Möglichkeit, mehr Männer kennenzulernen, ohne sie als Erste anzuschreiben. Sie haben keine Kontaktaufnahme gemacht, Sie haben nur mal so reingeschaut, als ob Sie in einer Bar einen Rundgang machen und die Leute auch kurz betrachten und anlächeln würden. Weil der Mann um Sie werben muss, soll er Ihnen zuerst schreiben. Es soll so ausschauen, als hätte er Sie zuerst entdeckt, er muss Ihr Gesicht, Ihre Haare mögen, Ihre Figur, Ihre Art und Weise, wie Sie auf dem Foto erscheinen. Schreiben Sie einen Mann zuerst an, nimmt es einen ganz anderen Verlauf, er ist Ihnen durch sein Äußeres, seinen Beruf, seine Schreibweise aufgefallen. Sie versetzten sich in die unglückliche Position, um ihn zu werben. Der Mann sollte aber um die Frau werben können.

Mir gefällt die Idee nicht, einem noch völlig unbekannten Menschen, den ich noch nie gesehen habe, meine Telefonnummer zu geben – die muss er sich erst mal verdienen, beziehungsweise muss ein persönlicher Kontakt zustande gekommen sein. Und wenn er vertrauenswürdig und sympathisch erscheint, dann kann er die Nummer haben. (Tatsächlich wird das Erhalten der Telefonnummer dann auch merklich mehr geschätzt.) Er denkt sich, wow, sie gibt die Nummer nicht jedem. Eine Freundin von mir hatte mal ihre Nummer einen Mann gegeben, mit dem sie nur Online-Kontakt hatte. Es kam dann zu einem Date. Er gefiel ihr aber gar nicht und sie hat seine SMS auch nicht mehr beantwortet. Er wurde dann richtig wütend und beleidigte sie per SMS. Als sie immer noch nicht antwortete, schrieb er: „Ich weiß deinen vollen Namen und deine Adresse." Er schrieb ihren vollständigen Namen und ihre Adresse auf. Sie war richtig geschockt und bekam Angst, denn sie hatte ihm nur ihren Vornamen und die Nummer gegeben, mehr nicht. Und trotzdem hatte er durch die Handynummer ihre Daten herausgefunden. Also darum besser aufpassen mit zu voreiligem Herausgeben der Nummer!

Wenn ein Mann sich mit lahmen Botschaften meldet, wie „Hallo wie gehts?" oder „Guten Morgen" und nichts weiter, dann ist das zu einfallslos, und darum antwortet die Traumfrau nicht.

Die meisten Frauen schreiben viel zu lange mit ihm hin und her, ohne sich jemals live gesehen zu haben. Manchmal bleiben sie drei Monate lang mit einem Mann auf diesem Weg im Kontakt, schreiben über sich viel zu viele persönliche Dinge und warten, bis es zu einem Treffen kommt. Sie denken, wenn sie viel von sich erzählen, wird seine Sympathie für sie größer und er möchte dann ein Treffen vereinbaren. Aber meistens wird es für ihn auf einmal nicht interessant genug, um sie noch kennenzulernen. Hat er großes Interesse, möchte er sie dagegen so bald wie möglich treffen.

Es gibt auch ganz viele Männer, die bei jeder Mail immer wieder eine Frage mit einbauen. Und die Frauen beantworten jede Frage und somit erfährt er viele persönliche Dinge, die man einer fremden Person besser nicht erzählen sollte. Irgendwann schreibt er dann gar nicht mehr zurück, weil es ihm langweilt, und nach einem Treffen fragt er auch nicht mehr, seine Neugierde wurde ja schon gestillt durch die Mail-Korrespondenz.

Die einzige Frage, die Sie ihm beantworten sollten ist: „Sollen wir uns treffen?" Die Antwort bleibt dann ganz kurz und bündig, nämlich: „Ja gerne" oder „Nein, danke", wenn er Ihnen doch nicht mehr so gefällt.

Für alle persönlichen Fragen muss er Sie zu einem Date einladen, ansonsten darf er als fremder Mann nichts über Sie erfahren. Wenn ein Mann so viel fragt, ohne eine Date-Anfrage zu machen, dann wird da nicht mehr viel kommen. Mit großer Sicherheit wird das Schreiben bis ins Unendliche weitergehen. Das sind alles Dinge, die nur auf Dates besprochen werden sollten. Dieses lange Hin- und Herschreiben ist eine Verschwendung Ihrer kostbaren Zeit.

Wie aber sollen wir reagieren? Ich rate, nach der **sechsten Mail** von ihm einfach nicht mehr zu antworten. Wenn er dann ganz nett fragt, wieso Sie nicht mehr antworten, können Sie ihm sagen: „Ich schreibe nicht so viel und ich finde es viel schöner, mich persönlich zu unterhalten."

Spätestens jetzt wird er fragen: „Sollen wir uns treffen?" Wenn er nur weiter schreibt, ohne nach einem Date zu fragen, können Sie es vergessen. Sie haben ihm ja indirekt zu verstehen gegeben, dass Sie keine Lust mehr haben, weiter zu schreiben und ihn lieber persönlich treffen möchten, das ist genug initiative von Ihnen. Wenn dann von seiner Seite her nichts mehr kommt, dann ist er auch sonst in einer Beziehung viel zu passiv und zu langweilig, möge er auf dem Foto noch so gut aussehen oder sein Profil noch so interessant wirken.

Sie möchten doch einen Mann an Land ziehen, der höflich und respektvoll ist, und bitte ganz ohne Neurosen.

Die meisten Interessenten schaffen es nicht durch das Schlosstor zur Prinzessin. Ihnen gelingt es einfach nicht! Sie senden viele, viele lahme E-Mails mit Fragen, was Ihre Hobbys sind, wo Sie wohnen und noch anderes Bla-bla ... und kommen nie auf den Punkt. Das heißt, sie werden nicht nach einem Treffen fragen, ja vielleicht mal in einem Jahr, wenn sie miteinander schon tausend Mails ausgetauscht haben. Oder eben nicht, wir wissen es nicht genau. So einer wird sich nie durch das Schlosstor zur Prinzessin durchkämpfen können. Er hat gar nicht den Biss und den Ehrgeiz dazu. Löschen, der Nächste bitte!

Die Verehrer, welche für uns geeignete Kandidaten sind, schaffen es schnell, sich durch das Cyberspace-Tor zu materialisieren! Nach sechs Mails fragen sie nach einem Treffen, und – ZOOM – schon ist er da, in der Wirklichkeit! Alles andere ist Geschwätz und verschwendet nur Ihre kostbare Zeit

Ein gutes Online-Profil zu haben ist wichtig um Verehrer anzuziehen, die zu Ihnen passen.

Wir machen uns lächerlich, wenn wir glauben, dass wir ihn mit einem langatmigen Profil und unvorteilhaften Fotos (abgeschnittenes Foto mit der Hand vom Ex auf der Schulter oder sich wie ein Raubtier in Dessous und Strapsen auf dem Boden räkelnd) überzeugen können. Wirklich, das gibt es, das habe ich alles schon gesehen! Verwenden Sie ein Foto, auf dem Sie lächeln. Schicken Sie ihm kein Foto, wenn er fragt, ob Sie ihm eins senden können, er kann Sie auf dem Portal sehen und sonst soll er Sie treffen. Ein gutes Foto pro Profil reicht völlig aus, Sie brauchen nicht noch zusätzlich eines zu versenden. Es gibt zu viele Männer, die von der Realität weggekommen sind, wenig echte soziale Kontakte pflegen und ständig in solche Portalen herumsitzen, die fragen Sie viel aus, möchten mehr Bilder von Ihnen sehen aber werden Sie nie nach einem Treffen fragen.

Zu den schlechten Dating-Methoden gehören auch viel zu langatmige Antworten, bei denen Frauen ihre halbe Lebensgeschichte via Mail ausbreiten.

Was soll in Ihrer Annonce stehen?

Am besten kurz und bündig, keck, unverkrampft und auf Ihre äußeren Vorzüge bedacht. Zum Beispiel: schlank, sportliche Figur, lange Haare, Ihre Größe usw. Beschreiben Sie sich lieber selbst, anstatt zu beschreiben, wie der Partner sein soll.

Warum wir nicht anrufen sollten

Ein interessierter Mann meldet sich, darum warten Sie ab und rufen Sie einen Mann nicht von sich aus an. Er soll sich zuerst bei Ihnen melden. So erkennen Sie gleich, ob er Interesse hat oder eben nicht, wenn Sie von ihm nichts mehr hören.

Auch wenn Sie immer wieder versucht sind ihn anzurufen und Sie langsam paranoid werden: Lassen Sie es. Es wird jede Beziehung ruinieren, wenn Sie häufiger bei ihm anrufen als er bei Ihnen. Es macht einen Mann nervös, wenn seine Liebste nicht zurückruft und es wühlt ihn auf. Damit vergrößert sich Ihr Reiz und seine Sehnsucht und das bringt Ihn dazu, Sie anzurufen.

Jedes Mal, wenn Sie dagegen bei ihm anrufen, sagen sie damit: **„Hallo ich existiere auch noch, nimmst du mich wahr? Kannst du mich bitte beachten?" Ein Grund mehr, um nicht anzurufen.** Die ganze Spannung seinerseits geht verloren. Vor allem, wenn er mit Ihnen noch nicht zusammen ist, ist es äußerst wichtig, genau diese Spannung zu erhalten. So hat er Zeit, sich in Sie zu verlieben.

Er darf bei Ihnen fünf Mal am Tag anrufen, weil er verliebt ist, Sie aber dürfen das nicht, weil er Sie dann für verrückt erklärt.

Wenn ein Mann anruft, ist er derjenige, der etwas möchte, darum nimmt das Telefongespräch einen besseren Verlauf. Ruft er von sich aus nicht an, bedeutet dies jedoch, er will vielleicht jetzt nicht mit Ihnen reden. Vielleicht ist er mit etwas Wichtigem beschäftigt, und wenn wir jemanden in einem solchen Moment ablenken, dann ist er möglicherweise kurz angebunden. Das kann am Telefon fälschlicherweise schnell als abweisend interpretiert werden. Und wenn eine Frau einen Mann häufig anruft, wirkt es auf ihn wie Kontrolle oder Nörgeln. Es ist irgendwie angespannter, als wenn er von sich aus anruft. Er sucht nämlich dann den Kontakt zu Ihnen, weil er gerade an Sie denkt. Rufen Sie ihm häufig an, kommt er dagegen gar nicht dazu, Sie zu vermissen.

Bevor Sie das Telefon in die Hand nehmen, denken Sie also lieber nach, halten Sie inne und hören auf Ihr Bauchgefühl. Ist jetzt der richtige Zeitpunkt, um ihn anzurufen? Falls Sie ein ungutes Gefühl haben und am liebsten im Boden versinken würden, wenn Sie nur daran denken, seine Stimme zu hören, dann ist es mit größter Sicherheit der falsche Zeitpunkt. Warten Sie, bis Sie sich gut fühlen. In einer Zeit, in der alles schnell gehen muss und wir darin geübt sind, schnell zu handeln, müssen wir wieder lernen, mehr auf unsere Intuition zu hören.

Richtiges Timing

Manchmal lernen Sie einen Mann kennen, der gerade in einer stressigen Situation ist und deswegen nicht bereit ist für eine Beziehung oder auch nur ein Date. Vielleicht plant er einen Sprachaufenthalt in einem fernen Land, er plant aus beruflichen

Gründen wegzuziehen oder er ist im Prüfungsstress. In solchen Fällen ist es am besten, den Kontakt zu halten und sich etwa zwei Mal pro Monat bei ihm zu melden, falls er Ihnen nicht aus dem Kopf geht. Aber fixieren Sie sich bitte nicht nur auf ihn, es gibt noch andere tolle Männer! Meldet er sich zurück, dann können Sie sich freuen, weil es eine Reaktion von ihm ist und das ist gut so. Keine Reaktion hingegen bedeutet, dass er Ihnen eher gleichgültig gegenübersteht.

Und ja, Sie können einen Mann, den Sie seit einem Jahr nicht mehr gesehen haben, auch mal anschreiben. Ist Interesse da, wird er sich zurückmelden und sogar nach einem Treffen fragen. Das Feuer kann so wieder erweckt werden. Eine Freundin hat es auch auf diese Art erlebt: Sie lernte jemanden vor drei Jahren kennen, sie hatten am Anfang ein paar Dates, es war aber nichts weiter passiert. Dann verloren sie sich aus den Augen und hörten ein Jahr lang nichts mehr voneinander. Irgendwie waren beide in dieser Zeit noch nicht für eine Beziehung bereit. Als sie sich ablenken wollte, weil gerade eine nicht funktionierte Beziehung mit einem anderen Mann auseinanderging und niemand anders da war, mit dem sie ein Date ausmachen konnte, meldete sie sich wieder bei ihm. Er schlug sofort ein Treffen vor. Jetzt sind sie fest zusammen.

Ich möchte damit aber nicht sagen, dass Sie jahrelang hinter jemandem herjagen sollen, auf keinen Fall! Leben Sie Ihr Leben fröhlich weiter, auch wenn ein Mann sich nicht mehr bei Ihnen meldet. Und wenn gerade niemand da ist, mit dem Sie sich treffen können, dann können Sie sich ja mal in Erinnerung rufen, wer Ihnen gefällt und bei wem Sie sich mal wieder melden könnten. Aber machen Sie sich keine Hoffnungen, es könnte sich daraus etwas entwickeln. Wenn er sich dann auf Ihre SMS gar nicht meldet, ist der Fall erledigt. Sie haben ihm die Möglichkeit gegeben, jetzt zuzugreifen. Ich bin fest überzeugt: Ein Mann rührt sich, wenn er echtes Interesse an einer Frau hat; nach einer SMS werden sich auch die ganz scheuen Männer melden. ABER … Nein, kein Aber! Es gibt keine Ausreden wie: „Er hat vielleicht die SMS nicht gekriegt." Tun Sie sich selbst den Gefallen und lassen es jetzt gut sein! Scheinbar ist er nicht in Sie verliebt. Basta!

4.

Geheimtipps für die ersten drei Dates

Die ersten Telefonate sollten nie länger als zehn Minuten dauern, aus dem einfachen Grund, weil es Sie davon abhält zu viel von sich zu erzählen, bevor Sie ihn getroffen haben. Wir Frauen schildern gerne ausführlich, was uns gerade beschäftigt oder was wir tagsüber getan haben. Es ist aber ein großer Fehler, wenn wir mit dem Mann reden, als wäre er eine gute Freundin. Das kann ihn ermüden und langweilen und wir werden für ihn zu durchschaubar. Er möchte nicht mit einer Quasselstrippe ausgehen. Männer ticken anders, ihnen sind Gespräche nicht so wichtig. Der Mann möchte immer schnell zum Punkt kommen, in diesem Fall möchte er Sie um ein Treffen bitten. Überlassen Sie ihm das Reden und somit die Führung, schließlich hat *er* angerufen, also möchte *er* etwas von Ihnen. Wenn Sie ihm aber die Ohren vollquasseln, überlegt er es sich plötzlich noch, ob er Sie zu einem Treffen überhaupt einladen soll. Er ist sich durch Ihre langen Erzählungen gar nicht mehr so sicher, ob Sie zu ihm passen. Denn im Gegensatz zu uns Frauen ruft ein seriöser Mann nicht nur an, um einfach zu reden, sondern er hat immer eine Absicht. Lenken Sie ihn nicht von seinem Vorhaben ab, Sie nach einem Treffen zu fragen. Wenn er Sie noch nie getroffen hat, dann sollte er nicht mehr wissen als das, was Sie ihm beim Kennenlernen schon erzählt haben.

Wenn wir das Telefongespräch als erste beenden, bleiben wir immer etwas geheimnisvoll. So unterscheiden wir uns von den meisten Frauen und alles, was nicht der Masse entspricht, ist interessanter und aufregender. Seien Sie, sehr herzlich, aber schwierig zu bekommen! Sagen Sie sehr charmant: „Jetzt muss ich aber los." Er wird sich fragen, warum Sie so rasch auflegen mussten und was Sie denn so Wichtiges vorhaben. So etwas reizt ihn eher, Sie immer wieder nach einem Treffen zu fragen, weil er merkt, dass Sie ein eigenes Leben haben und er Ihnen gegenüber noch beweisen muss, was er für ein toller Kerl ist. Außerdem hält Sie die Zehn-Minuten-Frist davon ab etwas zu sagen, was Ihnen nachher peinlich sein könnte. Denn wenn man nervös ist, sagt man manchmal Dinge, die man so gar nicht sagen wollte, einfach aus der Aufregung heraus und um die Stile zu füllen, weil beide sprachlos am Telefon waren.

Immer fröhlich, lebenslustig und unkompliziert bleiben, sei es am Telefon oder auf Dates.

Er fragt: „Was möchtest du machen?" Machen Sie ihm 2–3 Vorschläge, so kann er etwas davon auswählen und er übernimmt damit wieder die Führung und die Organisation.

Falls er fragt, wann Sie frei sind für ein Treffen, geben Sie ihm die Tage an, die bei Ihnen gehen würden. Sie können zum Beispiel sagen: „Ich habe für Dienstag und Samstag noch nichts geplant." Die ganze Planung überlassen Sie ihm. Auch wenn Sie zwei Kinogutscheine haben und diese am liebsten mit ihm einlösen würden, fragen Sie ihn nicht nach einem Kinobesuch, laden Sie lieber eine Freundin ein.

Wir machen keine Planung und überlegen uns nicht im Voraus, was wir tun sollen, schließlich sollte er alles arrangieren. Bleiben Sie immer etwas unklar mit der Antwort, so können Sie ihm die Führung wieder abgeben. Sie als Traumfrau sagen nur *Ja* zu dem, was funktioniert und *Nein* zu dem, was Sie nicht wollen (auf eine nette, charmante Art). Weil wir Frauen uns immer etwas übereifrig verhalten, sind wir es gewöhnt, vieles selbstständig zu organisieren. Nun geht es aber darum, die Führung von Anfang an an ihn abzugeben und das fängt schon beim Kennenlernen an. Alle Initiativen sollten von ihm kommen – Sie wollen ja wissen, woran Sie sind und Sie möchten sicher keinen lahmen Mann, der wenig Eigeninitiative zeigt, an Land ziehen. Das würde Sie mit der Zeit unglücklich machen.

Ist das Date abgemacht, dann meldet sich eine echte Traumfrau bis dahin zwischendurch nicht mehr bei ihm. Es ist ja schon alles besprochen.

Was Sie beim ersten Date beachten sollten:

- Kommen Sie immer fünf bis sieben Minuten zu spät. Es ist besser, wenn er zuerst da ist und auf Sie warten muss, nicht

umgekehrt. Falls er noch nicht da ist, gehen Sie kurz in ein Geschäft in der Nähe und schauen sich dort fünf Minuten um.

- Verstellen Sie sich nicht. Versuchen Sie, trotz aller Aufregung ganz Sie selbst zu sein. Das gilt auch für Ihr Äußeres – wenn Sie beispielsweise sonst nicht stundenlang vor dem Spiegel stehen und sich schminken, tun Sie es auch jetzt nicht. Der Mann bekommt sonst möglicherweise einen völlig falschen Eindruck von Ihnen.
- Reden Sie nicht gleich bei der ersten Verabredung über ihren Ex-Freund, gravierende Schicksalsschläge oder schwere Krankheiten aus ihrer Vergangenheit. Das mag im besten Fall Mitgefühl wecken, ist aber in erster Linie nur abschreckend. Beim ersten Date bemüht man sich, ein romantisches Feuer zu entfachen. Alles Negative wirkt wie ein Eimer Wasser auf das Feuer.
- Der ideale Ort für ein erstes Date ist einer, an dem Sie sich gut unterhalten können. Eine Party oder Disco mit lauter Musik ist daher weniger empfehlenswert.
- Wenn möglich sollten Sie für das Treffen an einen Ort gehen, an dem Sie sich wohlfühlen. Ein elegantes Luxus-Restaurant der Spitzenklasse könnte beispielsweise eher einschüchternd auf Sie wirken, wenn Sie solche Lokale nicht gewöhnt sind. Natürlich sollte der Treffpunkt trotzdem etwas Besonderes sein und nicht gerade das Fast-Food-Restaurant um die Ecke.
- Überlassen Sie ihm die Führung und lassen Sie Ihn bestimmen, wo es hingehen soll.
- Sprechen Sie nie negativ über andere Frauen, Ex-Freunde und Arbeitskollegen oder allgemein über andere Leute.
- Nicht bei Ihnen zu Hause abholen lassen. Um geheimnisvoll zu bleiben, darf er noch nicht wissen, wo Sie wohnen. Machen Sie einfach einen Treffpunkt in der Nähe Ihrer Wohnung aus, das kann ein Platz sein, ein Geschäft oder eine andere Straße. Eine Freundin von mir lässt sich immer bei einer guten Freundin zu Hause abholen.
- Warten Sie an einem öffentlichen Ort bis zu 15 Minuten. Wenn er bis dahin nicht kommt, gehen Sie, weil Sie dann plötzlich etwas anderes vorhaben.

Viele Frauen denken wirklich zu viel und viel zu weit voraus. Am besten, Sie machen sich gar keine Gedanken, wenn ein Date mit einem gut aussehenden Mann bevorsteht. Zerbrechen Sie sich nicht den Kopf über Fragen wie „was wäre wenn", „wie soll ich" etc. Ihre Aufgabe besteht lediglich darin, sich vor dem Treffen einen schönen, ausgefüllten Tag zu machen: Sport treiben, in diesem Buch lesen oder ein Wellnessprogramm durchführen zum Beispiel. So haben Sie „leider" keine Zeit für Gedanken über ihn und wie Sie sich später beim Date verhalten sollen. Also: Denken Sie NICHT darüber nach, welche Themen Sie im Gespräch anschneiden sollen, denn: SIE suchen nach keinem Thema! Soll ER sich den Kopf zerbrechen, welche Themen er anschneiden soll und darf! SIE hingegen antworten freundlich, aber nicht zu ausführlich, immer ein wenig kokett, so charmant und mit einem süßen, verführerischen Lächeln. Sie sind geheimnisvoll, fröhlich, lachen über seine Witze und lächeln allgemein viel. Er darf sich über Ihre Gesellschaft freuen. So einfach ist es, mehr müssen Sie gar nicht tun.

Hier eine Regel, die Sie sich einprägen sollten:

Wenn wir „überwältigt", „gestresst", „ängstlich" oder „nervös" sind, weil wir uns Gedanken machen über das, was wir tun sollten oder zu einem Mann sagen könnten, SAGEN ODER TUN WIR EINFACH NICHTS!

Es ist schließlich sein Job, sich zu überlegen, ob ER große Chancen bei Ihnen hat, wie ER vorgehen bzw. wie ER sich für Sie interessant machen könnte und was ER tun sollte oder könnte. Genau das ist doch das Schöne daran, Sie müssen sich um nichts kümmern. Sie müssen sich nicht die Mühe machen zu überlegen, wo Sie hingehen sollen. Wenn er ratlos herumsteht und ihm nichts einfällt, lächeln Sie ihn einfach an und sagen Sie: „Du kennst doch bestimmt ein nettes Lokal." Noch einmal: Wir übernehmen nicht die Führung. Er plant, er holt Sie ab, er reserviert das Restaurant, er kümmert sich um die Konzertkarten, er bringt Sie nach Hause, er bringt die Ideen, er macht Vorschläge. Sie können sich zurücklehnen und entspannen. Ergreift er nicht die Initiative, obwohl Sie sich zurückgenommen haben und sehr feminin sind, ist er ein lahmer Kerl.

Manche Frauen drängen einen Mann jedoch auch in die passive Rolle, indem sie alles bestimmen und planen. Gefällt ihm eine Frau, möchte er sich aber um sie bemühen und es bereitet ihm Freude, wenn er etwas für sie tun kann.

Wir sind glücklich und vergnügt, nicht leicht zu kriegen, geheimnisvoll, manchmal etwas zögernd. Die Männer nehmen es Frauen übel, wenn sie besitzergreifend, ängstlich, klammernd und zu ernsthaft sind. Das schlägt sie schlimmstenfalls in die Flucht. Männer wollen eine glückliche, strahlende Partnerin. Meine Güte! Wenn Frauen nur wüssten, wie sehr Männer das Klammern bei Dates hassen. Das vertreibt die Männer direkt auf Nimmerwiedersehen. Lassen sie das! Der Mann sollte derjenige sein, der hinter der Frau her ist, und nicht umgekehrt.

Warten Sie nicht zu lange mit dem ersten Treffen, sagen Sie lieber einem Spontantreffen zu anstatt häufig abzusagen, weil es für Sie zeitlich nicht passt. Sonst springt er ab. Männer, die im Beruf sehr gefordert sind, haben keine Zeit, sich über eine Frau viele Gedanken zu machen, die sie nur einmal gesehen haben. Also, schauen Sie, dass Sie bei der ersten Date-Anfrage auch Zeit haben oder wenn es bei Ihnen an diesem Tag nicht geht, schlagen Sie einen anderen vor. Das ist äußerst wichtig, denn wenn Sie bei den ersten Anfragen nie Zeit haben, kann er schnell den Mut verlieren.

Es gibt Leute, die behaupten, es würde einen Mann nur noch mehr anstacheln, wenn wir nicht gleich zusagen. Das Leben ist heute aber sehr schnellläufig geworden. Durch das Internet, Facebook und Single-Börsen wird es uns so einfach gemacht, viele Kontakte zu knüpfen, und so muss ein Mann sich leider nicht mehr so viel Mühe geben, um Frauen treffen zu können. Es wird dadurch vieles sehr vereinfacht, er kann jederzeit eine Frau anrufen, wenn er möchte. Er ist es vielleicht sogar gewöhnt, ohne sich zu bemühen ein Treffen bei sich zu Hause arrangieren zu können. Und es kann gut sein, dass viele Frauen *ihn* nach einem Treffen fragen und alles organisieren, ohne dass er je einen Finger krümmen muss. Darum dürfen Sie sich auch nicht zu rar machen, sonst ist es für Sie kontraproduktiv und er probiert es lieber bei einer Frau, mit der er gleich etwas abmachen kann. Darum gilt: Treffen Sie ihn bald nach dem Kennenlernen wieder und nehmen dann auch mal etwas Kurzfristiges an, statt ein Date abzusagen! Sonst wird er sich nicht mehr von sich aus melden, denn er denkt, Sie hätten kein Interesse und er möchte nicht aufdringlich sein. Oder er sagt dann so was wie: „Am besten meldest du dich wieder." Weil er sich nicht zum Idioten machen möchte, spielt er Ihnen den Ball zu und Sie müssen sich dann bei ihm melden. Das ist aber auch nicht optimal, weil es besser ist, wenn die Frau ihm die Führung überlässt und er sie nach einem Treffen fragt. Zeigen Sie ihm, dass Sie sich gerne mit ihm treffen. Sie dürfen nie zu abweisend sein, sonst entmutigen Sie ihn. Das ist das Geheimrezept, um einen Mann an uns zu binden.

Ich habe den Männern, die ich für dieses Buch interviewt habe, die folgende Frage gestellt: „*Wie reagierst du, wenn eine Frau, die dir wirklich gut gefällt, bei den ersten zwei Date-Anfragen nicht zusagt? Fragst du ein drittes Mal nach?*"

80 % der Männer sagten, sie würden noch einmal nachfragen. Wenn es bei ihr dann immer noch nicht geht, würden sie nicht mehr fragen sondern warten, bis die Frau ein Treffen vorschlägt.

Mirco:
Ich bin eher zurückhaltend, und wenn eine Frau mich so abblocken würde, hätte ich eher das Gefühl, sie hat keine Lust, mich wiederzusehen. Ich bin halt so und möcht mich nicht um jeden Preis jemandem aufdrängen. Einige Frauen mögen das bestimmt als mangelndes Interesse auffassen, aber es gibt doch auch Tausende Frauen, die sich darüber aufregen, dass Sie dauernd angerufen oder blöd angebaggert werden. Daher kann es sehr gut sein, dass, wenn eine Frau mal an so jemanden wie mich kommt, sie es nicht erkennt. Und dann eine Chance vergibt, jemand zu finden, der sie achtet und respektiert und sie nicht nur als Jagdtrophäe sieht, von der man nach zwei Wochen genug hat.

Joel:
Es ist für mich schon entmutigend. Ich frage vielleicht nach ein paar Wochen nochmals nach. Oder ich sage, melde du dich doch, wenn du etwas abmachen willst.

Roger:
Ich melde mich dann nicht mehr und warte ab, bis sie sich rührt. Wenn von ihr nichts mehr kommt, dann hat sie halt kein Interesse.

Marc:
Mich stachelt das nicht an, ich finde es eher kontraproduktiv, weil ich persönlich zum Beispiel nie mehr als zweimal nachfragen würde. Ich habe auch meinen Stolz. Beim ersten Mal kann es ja wirklich Zufall sein, dass es bei ihr nicht geht.

Bei den ersten Dates weiß er Ihren Wohnort, Ihren Beruf, wo sie gerne in die Ferien gehen oder waren, Ihre Hobbys und wie viele Geschwister Sie haben. Das reicht, um ihn neugierig zu machen. Mehr sollte er nicht wissen. Reden Sie über Sachen, die Sie mögen und die positiv sind. Das lässt Sie in einem guten Licht erscheinen und Sie werden selber feststellen, dass sich Ihre Stimmung verbessert, wenn Sie von positiven Erlebnissen oder geliebten Menschen erzählen. Er erlebt Sie als strahlende, schöne und glückliche Frau.

Viele Männer fragen auch nach Verabredungen, bei denen es sich nicht um ein Einzeldate handelt, sondern bei denen seine Freunde auch dabei sind. Werten Sie eine solche Einladung nicht ab, denn wenn er Sie seinen Freunden so früh schon zeigen möchte, dann gefallen Sie ihm auf jeden Fall. Und außerdem ist es viel lockerer, als wenn Sie mit ihm alleine in einer Bar sitzen, Sie sind weniger nervös und er kann Sie auch nicht so intensiv ausfragen. Und falls es mit ihm doch nicht klappt, hat er vielleicht sogar einen attraktiven Freund dabei, der Ihnen plötzlich besser gefällt.

Er sollte Sie bei den ersten vier Dates mindestens einmal zum Essen eingeladen haben, und zwar in einem schönen Restaurant und nicht bei sich zu Hause. So erkennen Sie gleich, ob Sie es ihm wert sind.

Fahren Sie nicht mit ihm zusammen Zug oder U-Bahn, das ist zu nüchtern und unromantisch. Treffen Sie sich am besten lieber gleich in einem Lokal – aber ein richtiger Gentleman holt Sie ab und fährt Sie wieder nach Hause.

Laden Sie nie einen Mann beim ersten bis fünften Date zu sich nach Hause ein, und schon gar nicht zu einem Essen. Sonst wirken Sie bedürftig auf ihn. Sie müssen ihn nicht mit einem Fünf-Gänge-Menü beeindrucken. Im Gegenteil, ER muss SIE mit seinen Taten überzeugen!

Es gibt Frauen, die Männer aus einer Internetplattform zu sich nach Hause zum Essen einladen, obwohl sie sie noch nie persönlich gesehen haben, und sie bekochen. Mal abgesehen davon, wie gefährlich so etwas ist, wird er von Anfang an denken, dass sie es ihm zu leicht macht und sich zu sehr ins Zeug für ihn legt. Er wird es darum auch nicht zu schätzen wissen, weil es einfach viel zu früh ist, um ihn solch einen Gefallen zu tun.

Männer bekommen es mit der Angst zu tun, wenn eine Frau zu sehr auf eine Beziehung aus ist, sie denken dann, dass diese Frau sich nur in einer Beziehung vollwertig fühlt und nicht zu sehr an ihnen als Person interessiert ist. Männer wollen (meistens) auch eine Beziehung, aber eben nicht mit einer Frau, für die sie sorgen müssen und die ihnen das Gefühl gibt, sie könnte ohne sie nicht leben. So etwas überfordert einen Mann und er verliert die Achtung von ihr. ER muss sich fragen, warum Sie nicht so erpicht ist auf eine Beziehung oder gar auf eine Heirat mit ihm. Er möchte eine Frau, die ihn als Person schätzt und nicht nur in die Idealvorstellung einer Beziehung verliebt ist. So hinterlässt sie bei ihm nämlich den Eindruck, dass sie jeden nehmen würde, der sich für sie interessiert, um nur ja nicht mehr alleine zu sein. Wenn sie aber den Eindruck hinterlässt, dass er sich zuerst beweisen muss, um bei ihr zu landen, dann ermutigt es ihn, sich um sie zu bemühen.

Fand ein Mann das Rendezvous schön, wird er sich innerhalb von drei Tagen wieder melden. Hören Sie nichts von ihm, hat er nicht wahnsinnig viel Interesse an Ihnen.

Und, last but not least: **KEIN SEX**, bevor die Beziehung sich nicht etwas gefestigt hat.

Nicht die Zeit in die Länge ziehen

Frauen, die eher zu viel von sich erzählen, rate ich, dass sie lieber ins Kino, Museum, in die Oper oder ins Theater mit ihm gehen. So müssen Sie auch mal zwei Stunden ruhig bleiben. Danach können Sie noch kurz etwas trinken gehen, aber nur, wenn ER danach fragt. Es muss immer von ihm ausgehen. Wenn er nach dem Kino keinen Vorschlag mehr macht, dann soll es eben nicht sein. Würden Sie noch zu ihm sagen: „Komm wir gehen noch tanzen", wird er Ihnen vielleicht zusagen, aber Sie wissen nicht, ob er nur aus Höflichkeit mitkommt oder ob er wirklich von sich aus den Rest des Abends mit Ihnen verbringen möchte. Vielleicht ist er auch müde und möchte lieber nach Hause. Sie wissen es nicht, wenn der Vorschlag nicht von ihm gekommen ist. Der Abend bleibt für ihn in besserer Erinnerung, wenn er in einem schönen Moment beendet wird und die Zeit nicht künstlich in die Länge gezogen wird. Sie müssen erreichen, dass er verrückt nach Ihnen wird, sich nach mehr sehnt und er sich nach dem Abend wieder bei Ihnen meldet, und zwar innerhalb von drei Tagen.

Sprechen Sie weniger. Sprechen Sie überlegter, hören Sie mehr zu. Lassen Sie Stille zu und die Spannung steigt – im positiven Sinne.

Wenn ein Mann in einem frühen Dating-Stadium Beziehungsgespräche anfängt, dann verhalten Sie sich wie eine geheimnisvolle Lady und geben Sie nichts über frühere Beziehungen preis. Zeigen Sie sich leicht gelangweilt und abgelenkt, aber seien Sie wirklich freundlich, und wenn er nachhakt, dann wechseln Sie das Thema.

Das erste und zweite Date sollte jeweils nicht länger als 2,5 Stunden dauern. Ab dem dritten Date können Sie auch mal bis zu vier Stunden mit dem Mann verbringen, falls Sie ins Restaurant, Kino oder Theater gehen. Beenden immer **Sie** das Treffen.

Beim Verabschieden geben Sie ihm einen flüchtigen Kuss auf die Wange oder Lippen. Mehr ist leider nicht drin! So wecken

Sie seine Sehnsucht. Möchte er mehr, muss er Sie mehrmals ausführen. Das stachelt ihn an.

Kleiner Tipp: Er bittet Sie um ein weiteres Rendezvous; um ihm nicht das Gefühl zu geben, Sie hätten nur darauf gewartet, sagen Sie nicht sofort zu. Warten Sie ein paar Sekunden, um dann zu sagen: „Ja, das wäre schön." Oder Sie können es noch mehr erweitern, indem Sie sagen: „Oh, ich weiß jetzt noch gar nicht, ob es mir an diesem Tag geht, ich muss es zuerst noch abklären."

Er soll hoffen, dass er Ihnen gefällt, dass es klappt und er soll sich eben unsicher sein, ob er Sie bekommen kann.

Bleiben Sie geheimnisvoll, erzählen Sie so wenig wie möglich über sich

Jeder braucht seine Privatsphäre, das sollte akzeptiert werden. Falls Sie im Internet nach ihm gesucht und seinen Arbeitsort, Geburtstag oder seine Privattelefonnummer herausgefunden haben, lassen Sie ihn das nie wissen! Das schlägt sonst jeden in die Flucht und Sie werden nichts mehr von ihm hören. Niemand hat es gerne, wenn jemand heimlich über ihn Nachforschungen anstellt. Tun Sie also so, als wüssten Sie nichts von dem, was Sie herausgefunden haben.

Viele gehen mit ihren persönlichen Daten so offen um, dass überhaupt nichts Geheimnisvolles mehr da ist. Ein fremder Mann weiß dann schon zu viel über Sie. Gehen Sie mit Ihren persönlichen Daten lieber sparsamer um. Mit anderen Worten, er soll sich erst mal um Sie bemühen, um mehr über Sie zu erfahren, statt einfach nur ins Internet zu gehen. Wir geben einem Mann, den wir erst kennenlernen, nicht so einfach all unsere Daten. Immer undurchschaubar bleiben! So unterscheiden Sie sich wieder von der großen Masse, die überall und für jedermann sichtbar alle möglichen Informationen großzügig zur Schau stellen. Bei E-Mail-Kontakt sieht der Empfänger als Absender häufig Ihren vollen Namen oder Ihren Arbeitsort. Achten Sie also darauf, dass Sie diese Angaben löschen, bevor Sie Ihre Mail absenden.

Ganz viele Frauen verschicken sofort nach dem ersten Date, oder noch schlimmer: gleich beim Kennenlernen eine Freundschaftsanfrage auf Facebook und anderen Internetplattformen. Solche Frauen sind viel zu durchschaubar für einen Mann und die Wahrscheinlichkeit, dass eine Verabredung oder gar eine Beziehung daraus wird sinkt, weil er dann viel zu früh zu viel über sie erfährt. Es kann sein, dass ein Mann einen falschen Eindruck von einer Frau bekommt, wenn er ihr ganzes Profil durchstöbern kann. Er weiß dann Dinge über sie, die er in diesem Stadium des Kennenlernens eigentlich noch gar nicht erfahren sollte, er sieht Bilder von ihr, alle ihre Freunde und vielleicht entdeckt er in ihrem Profil Kommentare, die sie mal vor längerer Zeit geschrieben hat, weil sie frustriert war, die ihn aber abstoßen könnten. Die Lust darauf, sie kennenzulernen, sinkt gewaltig. Was sollte er über sie auch noch Aufregendes erfahren, wenn er jetzt schon alles gesehen hat?

Viele Frauen schreiben ständig ausführlich, was sie gerade machen und was sie beschäftigt. Auf einen ernsthaft interessierten Mann kann es jedoch abschreckend wirken, wenn eine Frau alles über ihr Privatleben preisgibt oder über ihre Sorgen schreibt, die nicht an die Öffentlichkeit gehören. Er wird mit ziemlicher Sicherheit übersättigt. Gerade weil so viele ihr Privatleben wie selbstverständlich öffentlich darstellen, ist es aufregender, wenn ein Mann eine Frau trifft, die so anders als alle anderen ist und immer mysteriös und geheimnisvoll bleibt. Das ist magisch und reizvoll.

Kommunizieren Sie mit ihm auch nicht mit WhatsApp, bleiben Sie immer geheimnisvoll und senden Sie über das Smartphone auch keine Fotos von sich an Männer. Auch nicht, wenn sie darum bitten.

Treffen Sie einen Mann nicht öfters als zweimal die Woche. Auch wenn er Sie häufiger sehen möchte, bleiben Sie konsequent. Ab dem dritten Monat können Sie ihn dann drei- bis viermal sehen, vorausgesetzt, er bittet Sie um das Treffen. Das können Sie so weitermachen, bis Sie zusammenziehen oder heiraten. Wenn ein Mann eine Frau mehrmals getroffen hat, kann er sie häufig jeden Tag sehen, weil sie es so möchte, im Gegensatz zu der Traumfrau – diese kann er nur zweimal pro Woche treffen. Er wird dann so etwas sagen wie: „Du bist ganz anders als all die anderen Frauen, die ich vorher getroffen habe." Das ist die beste Bestätigung, dass Sie es richtig machen. Gerade in der Anfangsphase werden sehr viele Fehler gemacht. Wir Frauen erzählen ihm unsere ganze Lebensgeschichte, obwohl wir ihn erst seit einer Stunde kennen. Mit dieser Offenbarung sind wir aber nicht mehr geheimnisvoll. Aber genau dieses Geheimnisvolle ist sehr sinnlich und somit auch sehr feminin, was ein Mann total anziehend findet! Er wird dagegen völlig überfordert von zu ausführlichen Erzählungen über ihr Leben. Er möchte nicht ins Detail wissen, was sie den ganzen Tag über gemacht hat, das langweilt ihn. Und wenn er etwas wissen möchte, dann wird er nachfragen. Wenn Sie weniger schwatzen als gewöhnlich, gelassener und locker sind und keine unangebrachten Fragen über vergangene Beziehungen stellen, dann haben Sie schon viel erreicht, nämlich, dass er Sie anders wahrnimmt als all die anderen Frauen.

Wir strahlen Frische, Lebendigkeit und Sinnlichkeit aus, wir bringen Glanz und Magie in sein Leben.

Seien Sie eine gute Zuhörerin. Das ist manchmal schwer, aber es ist auf jeden Fall sehr wirkungsvoll. So erfahren Sie mehr über ihn und bleiben selbst ein spannendes Buch mit vielen Siegeln, die er langsam öffnen darf. Mit Ihren Freundinnen können Sie später wieder genug über alles Mögliche sprechen. Ihn reden zu lassen hat zudem den Vorteil, dass Sie nicht viel von sich preisgeben müssen. Er fühlt sich aufgehobener bei einer Frau, die aufmerksam ist. Niemand bringt gerne die Geduld auf, nicht enden wollenden Monologen zuzuhören. Er wird nach 20 Minuten anfangen zu zappeln. Und außerdem ist es egoistisch und rücksichtslos, andere mit sämtlichen Details aus dem eigenen Leben zu überhäufen.

Über welche Themen darf er aber etwas erfahren? Reden sie über Dinge, die nicht zu persönlich sind, wie etwa Literatur, Lieblingsbücher, Kunst, Reisen, was Sie sportlich machen, einen spannenden Zeitungsartikel, den Sie gerade gelesen haben, Filme, die gerade im Kino laufen oder eine schöne Ausstellung, die Sie gesehen haben oder noch besuchen möchten usw. Einfach nicht über persönliche Sachen, sondern über erlebte Dinge wie zum Beispiel Urlaubsreisen. Das ist ein besonders gutes Thema, weil es leicht und flockig ist und man dabei ins Schwärmen kommt.

Sprechen Sie nie über Männer, die Sie schlecht behandelt haben! Sagen Sie nie solche Sachen wie: *„Mein Ex hat mich die ganze Zeit angelogen und betrogen*“, oder *„Mein Ex war so gemein zu mir*“. So signalisieren Sie ihm, dass Sie sich schlecht behandeln lassen. Sie wollen doch nicht als Opfer gelten, oder? Sagen Sie ihm nicht, Sie fühlen sich in Ihrer Wohnung einsam und hoffen, bald einen Mann zu haben, der mit Ihnen zusammenzieht. Sonst wirken Sie von anderen abhängig, es gibt ihm das Gefühl, er müsse sich um Sie kümmern und es läge an ihm, Sie glücklich zu machen. So gelten Sie als eine Last für ihn.

Wollen Sie einen Mann vergraulen, dann sprechen Sie über Ihren Ex-Freund, Heiraten, Kinder und Beziehung. Möchten Sie ihn behalten und soll er verrückt nach Ihnen werden, streichen Sie diese vier Wörter aus Ihrem Vokabular. Wenn ein Mann sehr verliebt ist, er eine Familie gründen möchte, alle seine Freunde auch eine Familie haben und er in dem Alter ist, in dem die meisten verheiratet sind, dann wird er schon selbst das Thema ansprechen. Das hört sich dann etwa so an:

Er: „Meine Schwester hat drei Kinder. Möchtest du mal Kinder?“ Sie: „Ja, später.“ Er: „Wie viele?“ Sie; „Zwei Kinder, das reicht.“

Oder: „Du wärst sicher eine gute Mutter.“ „Mit dir möchte ich gerne mal Kinder haben.“ Dies alles sagt ein ernsthaft an einer Beziehung interessierter Mann, aber erst, wenn er Sie schon länger kennt. Sagt ein Mann so etwas gleich bei den ersten paar Dates, dann seien Sie vorsichtig – denn dann wendet er dieses Gerede nur an, um Sie ins Bett zu kriegen.

Er bezahlt, das ist wohl klar!

Geht es ums Bezahlen, bleiben Sie ruhig und freundlich lächelnd sitzen in der absolut selbstverständlichen Annahme, er würde zahlen. Kein Griff zur Tasche oder zum Portemonnaie. Sie sind entspannt und schauen etwas verträumt drein, als würden Sie einen Sternenhimmel beobachten.

Sollte der Mann tatsächlich dem Kellner „getrennt" sagen, nehmen Sie erst dann Ihre Brieftasche hervor und bezahlen Sie Ihren Anteil kommentarlos. Sie fühlen sich dabei aber als Lady unwohl! Denn so etwas passiert einer begehrten Frau ja nur äußerst selten, die Herren laden Sie sonst gerne ein.

Werden Sie von einem Mann so uninteressiert behandelt, gibt es a) kein zweites Date und b) erkennen Sie doch dadurch, dass dieser Mann nicht zu Ihnen passt! Auch wenn er noch so gut aussieht. Denn Sie müssen sich schon bewusst sein: Wenn er Sie nicht einladen will, ist er entweder ein Geizhals oder Sie sind es ihm nicht wert! Doch Sie sind es wert, eingeladen zu werden. Einer, der beim ersten Date eine getrennte Rechnung verlangt, hat bei einer Traumfrau sowieso keine Chance auf ein zweites. Für sie ist es selbstverständlich und eine Frage der Höflichkeit, dass der Mann die Rechnung übernimmt. Sie ist es von vielen männlichen Freunden und Bekannten nicht anders gewohnt, obwohl sie mit denen ja wirklich nur befreundet ist.

Überlegen Sie sich gut, ob Sie ihn weiter treffen wollen. Ein Mann, der nicht bereit ist, ein Getränk oder ein Essen zu bezahlen, ist auch nicht bereit, emotional etwas zu investieren. Knausrigkeit ist einer romantischen Beziehung abträglich (sollte die Frau nächtliche Zärtlichkeit etwa auch gegenrechnen?!). Ist er ein Gentleman, zahlt er selbstverständlich für beide und lehnt jedes Gegenangebot entschieden ab, weil er es gerne macht. (Ist er zudem ein absolut vollendeter Gentleman, wird er möglichst heimlich für beide bezahlen, damit sie es nicht mitbekommt, und es von sich aus mit keinem Wort erwähnen.)Nur zwischen Kumpels werden Rechnungen geteilt, dann gibt es halt nichts Romantisches oder Sexuelles mit ihm.

Es geht nicht um das große Geld, sondern um die Geste eines Mannes.

Dankbarkeit lohnt sich immer

Lädt ein Mann Sie den ganzen Abend lang ein, seien Sie dankbar und zeigen ihm Ihre Freude über seine Großzügigkeit. Wenn Sie nur fordern, aber keine Dankbarkeit und Anerkennung signalisieren, überlegt er sich das nächste Mal, ob er sich um Sie noch mal bemühen sollte. Dabei geht es ihm nicht um das investierte Geld, sondern um die Wertschätzung für seine Bemühungen. Durch Ihre Dankbarkeit wird er in seiner guten Tat bestärkt und zusätzlich wird er ermuntert, so weiterzumachen. Viele Männer gefallen sich in der Rolle des Gönners und haben Freude daran, einer Frau etwas zu geben, aber eben nur, so lange es geschätzt und nicht zu viel gefordert wird. Es muss freiwillig und von Herzen kommen.

Micha, ein Freund von mir, erzählte mir folgende Geschichte: *„Ich schenkte Katy immer wieder verschiedene Dinge und lud sie auch immer in schicke Restaurants ein. Aber mit der Zeit merkte ich, dass Sie es gar nicht mehr schätzte, sondern es als selbstverständlich hinnahm. Einmal machte ich ihr drei Geburtstagsgeschenke. Sie packte sie aus und gab mir gleich zwei Sachen zurück mit dem Kommentar: „Kannst du das bitte umtauschen? Das gefällt mir nicht." Ich nahm diese zwei Geschenke und gab sie meiner Schwester, die Freude daran hatte, und Katy sah mich nie wieder!"*

Wenn der Mann sich bemüht, sind wir unkompliziert im Umgang, glücklich über seine Auswahl des Lokals, zufrieden mit dem Essen und strahlen in seiner Gesellschaft! Auch wenn uns das Lokal nicht besonders gefällt, nörgeln wir nicht herum! Er hat sich die Mühe gemacht, etwas Schönes auszusuchen, und dafür können wir dankbar sein.

Wie Sie auf Fragen reagieren können

Er fragt: „Wieso willst du schon gehen?" Zählen Sie ihm nicht auf, was Sie am nächsten Tag alles noch vorhaben. Lieber zuerst lange überlegen, innerlich auf 5 zählen und dann sagen: „Ich habe morgen ein großes Programm." Wenn er nicht locker lässt und weiter fragt: „Was hast du den für ein Programm?", sagen Sie ganz charmant mit einem süßen Lächeln: „Das kann ich dir gar nicht alles aufzählen."

Männer können sehr hartnäckige Fragen stellen. Aber wenn Sie am Anfang viel über sich erzählen, weiß er schon viel zu früh über Ihre ganze Lebensgeschichte und geheimen Gedanken Bescheid, Sie sind dann keine Herausforderung mehr für ihn. Seien Sie darum immer geheimnisvoll. Erzählen Sie nur ein wenig über sich, sodass er neugierig wird und mehr wissen möchte.

Vergleichen Sie es mit einem Hund! Wenn Sie einem Hund ein großes Stück Futter geben, wird er es sofort verschlingen und sein Appetit ist damit gestillt. Verfüttern Sie reihenweise nur kleine Häppchen, wird der Hund dagegen mit Freude bei Ihnen bleiben und um mehr betteln.

Seien Sie nicht genervt von seiner Fragerei. Sie sind nicht verpflichtet auf alles, was er fragt, eine Antwort zu geben. Wenn Sie über etwas nicht sprechen möchten, dann lassen Sie es einfach im Raum stehen, lächeln Sie geheimnisvoll und wechseln charmant das Thema. Sie sind dann einfach abgelenkt, so als hätte gerade etwas anderes im Raum Ihre Aufmerksamkeit auf sich gezogen.

Wir Menschen sind es leider gewöhnt, immer auf jede Frage eine Antwort zu geben, aber das muss nicht sein. Sie können auch sagen: „Darüber möchte ich jetzt noch nicht sprechen."

Um herauszufinden, ob Sie für ihn die richtige Partnerin sind, fragt ein Mann Sie über Dinge aus, die für ihn selber sehr wichtig sind. Ich erlebte immer wieder, dass ein Mann bei Dates fragte, ob ich gerne wandern gehe, Fahrrad fahre oder Tennis spiele usw. Reagieren Sie nicht zu negativ auf solche Fragen, auch wenn Ihnen diese Sportart oder dieses Hobby gar nicht zusagt. Sagen Sie nicht so etwas wie: „Nein, so etwas gefällt mir gar nicht, ich finde es lächerlich, einem Ball hinterherzurennen." Denn Männer fragen Sie nur zu Aktivitäten, die sie selber auch sehr mögen oder die sie mit einer Partnerin gerne unternehmen möchten. Darum seien Sie immer positiv eingestellt, so wirken Sie offen auf ihn. Er sucht bei einer neuen Frau nach Gemeinsamkeiten. Schließlich möchte er mit ihr auch Dinge unternehmen, die ihm zusagen.

Ist eine Frage für Sie unangenehm, dann antworten Sie einfach nicht. Sie können freundlich lächeln und ihn vielleicht mit einem erstaunten Blick anschauen, der aussagt: *„Wie unpassend von dir, mir eine so persönliche Frage zu stellen"* und die unangenehme Stille wirken lassen. Die eigene Position zu rechtfertigen macht dagegen den Eindruck, als müssten Sie sich dafür entschuldigen, dass Sie so sind, wie Sie sind, und Sie wirken unsicher. Also lassen Sie es. Um allen unbequemen Themen auszuweichen fragen Sie zuckersüß mit einem unwiderstehlichen Lächeln: *„Was machst du am liebsten in deiner Freizeit?"* Das Gespräch nimmt zusätzlich eine positive Wendung. Ist ein Mann sehr verliebt, verunsichert in dieser Zustand, weil er keine Kontrolle mehr über seine Gefühle hat, das verwirrt ihn. Bleiben Sie deshalb nett zu ihm, auch wenn Sie seine Fragerei nervt oder er sich etwas unbeholfen benimmt. Manchmal fragt er aus lauter Nervosität viel, weil sein Kopf gerade leer ist und ihm nichts in den Sinn kommt, was er erzählen soll. Wir kennen das doch auch, oder nicht? Umso mehr uns jemand gefällt, umso nervöser werden wir nun mal.

5.

Verhaltensregeln, wenn die Beziehung gefestigt ist

Erst sind Sie viel da …
dann machen Sie sich rar

Je häufiger Sie mit jemandem POSITIV zusammentreffen, umso lieber mag derjenige Sie. Zahlreiche Untersuchungen zeigen, dass man praktisch jeden Reiz, dem man wiederholt positiv ausgesetzt ist, mehr und mehr mag. Vergessen Sie also die Taktik, anfangs unnahbar und unerreichbar zu sein. In der heutigen schnelllebigen Zeit funktioniert das leider nicht mehr.

Genau dann, wenn Sie überzeugt sind, den anderen für sich gewonnen zu haben und er Sie mag, fangen Sie an, sich rar zu machen. Männer wollen das haben, was sie nicht gleich kriegen können. Indem Sie immer bereit sind, vermindern Sie Ihren Wert. Wenn Sie also plötzlich nicht mehr so einfach verfügbar sind, wird der andere Sie attraktiver und aufregender finden.

Sie werden ab jetzt gar nicht mehr nachfragen, ob er sich mit Ihnen treffen möchte. Und die nächsten paar Tage sind Sie sehr beschäftigt, es sei denn, er fragt speziell: „Was machst du in den nächsten Tagen?“ Dann könnten Sie so etwas sagen wie: „Hmmmm … bei mir ist gerade ziemlich viel los, vielleicht geht's am Samstag.“ Immer vage bleiben und nicht alles erzählen, was Sie tun.

Nehmen Sie nicht immer gleich das Telefon ab, wenn er anruft, lassen Sie es einfach mal klingeln. Oder schalten Sie das Handy einfach mal aus. Sie können ihn zurückrufen, aber nicht immer sofort.

Fragt er wieder nach einem Treffen, sagen Sie nicht mehr gleich zu. Sie sind schwieriger zu bekommen!

Hier ein paar Beispiele was Sie sagen können, wenn er nach einem Treffen fragt:

Er: „Möchtest du dieses Wochenende etwas mit mir unternehmen?“

„Hmmmm … vielleicht!?“ (Dazu süß lächeln.) „Muss noch überlegen … (warten) … ja könnte gehen.“

Eine Antwort wie „bin nicht sicher“ oder „vielleicht“ ist besonders nützlich, weil sie einen Mann viel aktiver um Ihre Aufmerksamkeit kämpfen lässt. Dies ist äußerst natürlich. Beobachten wir Tiere, wie sie umeinander werben, handeln die weiblichen Tiere zurückhaltend. Das Weibchen lockt das Männchen, bis es anbeißt, und dann nimmt das Weibchen wieder etwas Abstand.

Oder:

Fragt er ganz kurzfristig nach einem Treffen, tun Sie so, als wären Sie verplant: „Ich würde sehr gerne, aber ich habe schon Pläne für dieses Wochenende.“ Bleiben Sie rätselhaft, sagen Sie nicht, was Sie vorhaben und die Spannung steigt. Jetzt hat er endlich mal eine Frau gefunden, die nicht anhänglich ist, die ein eigenes spannendes Leben führt, und das hält ihn auf Trab. Er ist fasziniert von ihr, liebt sie noch mehr, hat Sehnsucht nach ihr.

Der aktive Teil gehört zum Mann, der zögernde, überlegte Teil zur Frau, darum handeln Sie wie eine Frau und überlassen den aktiven Teil ihm. Im Klartext heißt das, ihn so wenig wie möglich anzurufen und *nicht* um ein Treffen zu bitten. Lassen Sie ihn alles tun, auch die Planung und sich um Sie zu bemühen. Das Einzige, was Sie tun ist, sich zurückzulehnen, zu entspannen und es zu genießen, mal nichts planen zu müssen. Sie müssen nur warten und sehen, was passiert, wenn Sie es ihm überlassen.

Immer soll er glauben, er mag Sie mehr als Sie ihn. Lassen Sie es zu, dass er sich um Sie kümmert, ob Sie in ihn verliebt sind oder nicht. Wenn Sie mit ihm zusammen sind, sind Sie entspannt, fröhlich, geben sich etwas zurückhaltend und geheimnisvoll, so bekommt er Lust, mehr über Sie erfahren zu wollen. Sie sind immer sehr beschäftigt, und auch wenn Sie auch noch so verliebt sind und ihn am liebsten noch häufiger sehen wollen, lassen Sie ihn auch da den ersten Schritt machen. Es soll immer alles zuerst von ihm kommen. Er soll zuerst die Idee haben mit dem Zusammenziehen, er soll Ihnen anbieten, bei ihm zu übernachten, er soll Sie zuerst fragen, ob Sie mit ihm in die Ferien gehen möchten, er wird Sie zuerst fragen, ob er noch kurz auf einen Kaffee zu Ihnen kommen darf. Sie werden ihm nie von sich aus zu sich nach Hause einladen. Die meisten Frauen, die sehr voreilig sind, stehen am Ende wieder alleine da, denn die Männer weisen sie irgendwann zurück, weil es ihnen zu viel wird.

Wenn Sie diese Prinzipien befolgen, kriegt der Mann mit Ihnen eine ausgeglichene, ruhige, aktive, schöne Frau und es bereitet ihm Freude, mit Ihnen zusammen zu sein.

Die Themen Zusammenziehen, wie es um die Gefühle steht und Kinderwunsch sind für Sie tabu. Diese Themen muss immer er anschneiden.

Schreibt er Ihnen zwischendurch eine SMS, ohne Sie nach einem weiteren Treffen zu fragen, reagieren Sie mal nicht und antworten nichts! Falls er Sie näher kennenlernen möchte, wird ihn eine unbeantwortete SMS nicht abhalten, sich wieder bei Ihnen zu melden.

Ich gebe eine Menge Tipps in diesem Buch, die Sie auffordern, „so zu tun als ob". Auch wenn Sie denken, das ist unnatürlich, probieren Sie es! Sie werden einen Riesenspaß daran haben, es lockert die Stimmung auf und dadurch reagieren Sie in jeder Situation gelassener.

Geben Sie dem Mann immer das Gefühl, dass Sie sich freuen, ihn zu treffen, nur so funktioniert es mit dem Rarmachen. Es sollte auf einer unbefangenen, leichten Basis bleiben, spielerisch, und den anderen nicht zu lange hinhalten. Sonst wird es ihm zu anstrengend und er verliert den Mut, noch etwas zu tun, außer er ist ein Stalker. Oder einer, der verzweifelt auf der Suche nach einer Beziehung und nicht so sehr an Ihrer Person interessiert ist, der bleibt auch noch hartnäckig. Mein Leitsatz ist, lassen Sie die Männer ein bisschen ratlos, indem Sie zeigen, dass Sie noch unsicher sind über Ihre Gefühle, Sie zeigen Ihre Verliebtheit noch nicht. Aber Sie dürfen dabei nicht zu uninteressiert wirken. Er soll merken, dass es Ihnen Spaß macht, ihn zu treffen. Wir sind immer ein wenig kokett und charmant, mit einem süßen Lächeln und nicht so einfach zu kriegen. Das zeichnet eine Frau aus, die Klasse und Stil hat.

Anrufe kurz vor dem Treffen und in letzter Minute, um zu entscheiden, ob man sich treffen soll, entsprechen nicht unseren Prinzipien. Wir handeln so, um nicht auf einen Mann zu warten, bis er sich im letzten Moment meldet um abzusagen, und wir möchten nicht den Eindruck hinterlassen, als hätten wir an einem Samstag nichts anderes vor, als auf seine Rückbestätigung zu warten. Er hält Sie in der Warteschleife, er macht vielleicht mit Ihnen etwas aus, wenn er nichts anderes vorhat. Wie können Sie darauf reagieren? Eine begehrte Frau, die scheinbar so viele Date-Anfragen hat, sagt so etwas wie: „Aha, wenn es zu unsicher ist, dann machen wir lieber etwas an einem anderen Tag aus."

Vage Verabredungen

Naja, wenn Sie wirklich beizeiten wissen möchten, ob Sie sich mit ihm treffen werden, und nicht erst am Abend selbst, dann werden Sie wohl in den sauren Apfel beißen müssen und ab einem bestimmten Zeitpunkt anderweitig verabredet sein. Und zwar ab dem Moment, in dem Sie gerne spätestens Bescheid gewusst hätten. Also zum Beispiel am Abend vorher oder bis spätestens 16.00 Uhr. Das wäre schon knapp genug ... So nach dem Motto: *„Ich habe gar nichts mehr von dir gehört. Da dachte ich, dir wäre etwas dazwischengekommen. Leider habe ich inzwischen/gerade eben/vor zwei Stunden eine Einladung angenommen, schade, schade."* *★Wirklich betroffen sein★!!!*

Er soll Ihnen frühzeitig zusagen. Sonst wissen Sie nicht, ob er noch andere Zusagen abwartet und dann erst, wenn niemand anderes Zeit hat, Sie als letzte Option anruft. Sie wollen ernst genommen werden ... dann lassen Sie sich nicht mehr auf so vage Verabredungen ein. Nur so erfahren Sie, ob es ihm wichtig ist, Sie zu treffen.
Sie wollen, dass etwas anders wird???
Dann müssen Sie etwas anders machen ...

Sie wollen mehr Verlässlichkeit???
Dann fordern Sie sie ein, indem Sie eben mal nicht verfügbar sind!

Wir haben immer einen vollen Terminkalender. Auch wenn Ihrer fast leer ist, tun Sie so als ob. Sie geben ihm so das Gefühl, dass Ihre Zeit sehr kostbar ist und Sie nicht hoffnungsvoll darauf warten, bis jemand Sie endlich mal nach einem Treffen fragt.

Hat er wenig Zeit für Sie und möchte er nur mal schnell zwischendurch mit Ihnen ein Treffen arrangieren, ist es besser, ihm abzusagen. Keine Stressdates annehmen! Wir fahren nicht in seine Richtung um ihn kurz zu sehen und mit ihm in der Kantine zu Mittag zu essen, weil er nur dann gerade mal Zeit hat und wir das Essen herunterschlingen müssen. Nein, für solche Sachen ist unsere Zeit zu kostbar. Er muss sich für uns Zeit nehmen. Mittags-Treffen unterlassen wir auch in einer Beziehung, es ist zu unromantisch und zu stressig.

Zu spät für ihn!

Wenn er viel zu spät doch noch nach einem Treffen fragt:

„Ich hatte ja nicht mehr damit gerechnet und habe jetzt leider was anderes ausgemacht."

Wir bleiben konsequent **nicht** zu Hause sitzen und warten auf ein unverbindliches Treffen! Wenn niemand Zeit hat, gehen Sie einfach alleine in ein Lokal. Die Chancen, angesprochen zu werden, sind sowieso am besten, wenn Sie alleine unterwegs sind.

Elisa:

Ich selber habe auch schon auf diese Weise einen tollen Mann kennengelernt. Ich hatte mal ein erstes Date mit einem Mann, der sich überhaupt nicht wie ein Gentleman mir gegenüber benommen hat. Ich habe mir 30 Minuten lang sein unmögliches Verhalten angeschaut, dann habe ich mich bei ihm freundlich verabschiedet und bin dann alleine weitergezogen. Ich wurde dann von einem gut aussehenden Mann angesprochen und hatte dann doch noch einen tollen Abend.

Warten Sie allerhöchstens eine Stunde, wenn er Sie bei Ihnen zu Hause abholen soll, schalten Sie dann Ihr Handy aus und seien Sie an diesem Tag nicht mehr erreichbar. Sie sind einfach weg. Schließlich ist Ihre Zeit kostbar und Sie haben auch noch schönere Dinge zu tun, als auf jemanden zu warten. Am besten, Sie gehen dann mit einer Freundin aus. Sie haben sich schließlich extra schön gemacht, es wäre zu schade, das zu Hause zu verbergen. Auf Englisch würde man sagen: Don't waste the beauty (verschwenden Sie nicht Ihre Schönheit). Sie werden sehen, Sie haben an diesem Tag sicher fünf Anrufe von ihm. Melden Sie sich aber erst am nächsten Tag zurück. Sagen Sie dann in einem ganz freundlichen, charmanten Ton, als wäre nichts geschehen und als hätten Sie es schon vergessen: „Du hast bei mir angerufen?" Er wird dann fragen, wo Sie gestern waren. Sie antworten: „Ich dachte du kommst nicht mehr, ich habe dann etwas anderes gemacht."

Das ist kein Spiel mit den Männern, es werden, ohne Vorwürfe zu machen, gesunde, persönlichen Grenzen gesetzt, die von jedem, den Sie treffen, respektiert werden sollten.

Bewahren Sie Ihre feminine Art

Frauen und Männer haben nicht die Aufgabe, sich in ihren Energien anzugleichen, sondern ihre Verschiedenheit beibehalten und zu lieben. Dieses Vermischen, das Anpassen des anderen hat nichts mit einer sinnlichen Beziehung zu tun. Das Gegenteil ist der Fall: Umso mehr eine Frau sich ihrem Partner anpasst und mit ihm in Jeans und T-Shirt mit dem Bike dem Berg runter jagt, umso mehr sieht er in ihr den Kumpel-Typ. Ein Mann verlangt von einer Frau sehr viel, er möchte einerseits eine Liebensbeziehung und andererseits eine Partnerin, die teilweise einen guten Freund ersetzt. Er möchte mit ihr zum Beispiel wilde, sportliche Aktivitäten machen. Bleiben Sie aber bei Ihrer Meinung, wenn Sie etwas nicht mitmachen möchten, auch wenn er dann enttäuscht ist. Sie sind nicht sein Kumpel. Um die Erotik und Anziehung in einer Beziehung zu behalten ist es besser, wenn Sie Ihre feminine Art ausleben und beibehalten können, als wenn sie ihm nacheifern wollen. Stattdessen können Sie ihn dazu motivieren, etwas Sportliches mit seinen Freunden zu unternehmen. Verschiedenheit ist die Grundvoraussetzung für eine lebendige Beziehung, Gleichmacherei dagegen führt zur Langeweile.

Wenn eine Frau sich in maskuliner Kleidung zeigt und mit harter, rauer Stimme kämpferisch herumtobt, als müsse sie es der Männerwelt zeigen, dann wird sie verlieren, weil das nicht in der Natur der Frau ist. Eine Frau kann auch im Beruf erfolgreich sein, ohne sich der Männerwelt beweisen zu müssen. Mit ihrer femininen Art kann sie sogar viel mehr erreichen, weil das am natürlichsten ist.

Er soll Sie wie eine blühende Blume wahrnehmen, nicht wie einen eisigen Wind, der seine Männlichkeit schrumpfen lässt.

Es ist äußerst weiblich, wenn eine Frau ihr Schönsein auslebt, wenn sie sich in femininen Kleidern zeigt und der Mann sie bestaunen kann. Wie bei einem Opernball: Sie trägt ein langes, farbiges Kleid und er kommt im schlichten Anzug daher. Wenn sie aber harte Züge angenommen hat, um in der männlich dominierten Arbeitswelt anerkannt zu werden, dann weiß sie irgendwann nicht mehr, wer sie eigentlich ist. Und die Männer kommen mit ihr nicht klar. Wenn sie ihre weiblichen Reize aber dezent preisgibt und ihre feminine Ausstrahlung behält, kann sie nur gewinnen.

Wir können die Urstämme als Vergleich nehmen: Bei Festen gibt es Spiele, bei denen die Männer gegeneinander kämpfen, und die Frauen machen sich schön, indem sie sich mit Naturfarben bemalen und Schmuck tragen.

Nie ganz erobern lassen

Viele denken, in einer Beziehung sollte man miteinander verschmelzen. Es ist sehr unrealistisch, solche Wünsche zu haben. Vor allem wir Frauen richten uns zu sehr nach dem Partner. Bei einer Traumfrau hat ein Mann nie das Gefühl, sie vollkommen erobert zu haben, also arbeitet er ständig daran. Sie macht das, was für sie wichtig ist, sie wird nie sein Besitz sein, sie gehört sich selbst. Einen Mann fasziniert es, wenn eine Frau in schwierigen Situationen einen klaren Kopf behält. Hingegen wird es für ihn sehr schnell langweilig, wenn sie ihn immer auf ein Podest stellt und versessen nach ihm ist. In dem Moment, wo er merkt, dass sie abhängig von ihm ist und ihn zu wichtig nimmt, ist er nicht mehr heiß auf sie. Viele Frauen glauben, sie müssen einen Mann verwöhnen, indem sie ihn bekochen, ihm seine Hemden bügeln, ihn umsorgen, ihm die Wäsche machen, ihm ständig als Erste liebe Worte schreiben und ihm das Gefühl geben, sie können ohne ihn nicht mehr leben. Natürlich, theoretisch wünscht sich das ein Mann, so kann er sich wie bei Mutti fühlen, aber in der Praxis hat er es bald ziemlich satt, denn die Sehnsucht und der Zauber sind verflogen. Ein starker Mann möchte keine unterwürfige Frau. Er braucht das Gefühl, er müsse etwas leisten, um ihre volle Aufmerksamkeit zu bekommen, und er braucht das Gefühl, dass sie eine begehrte Frau ist. Wenn sie sich aber für ihn aufopfert, so ist er überzeugt, sie braucht ihn, weil sie von sich selbst nicht überzeugt ist und nicht begehrenswert genug ist. Sie gibt ihm das Gefühl: „Jetzt habe ich endlich meinen Traummann gefunden, so einen muss ich behalten, denn einen besseren kriege ich nicht mehr." Um eine Beziehung aufregend zu halten braucht es zwischendurch Abstand, so entsteht eine gewisse Sehnsucht nacheinander. Er muss denken, dass sie jederzeit gehen könnte, wenn es für sie nicht mehr stimmt. Weil der Mann immer auf der Suche ist nach einer Herausforderung, ist es ihm schnell langweilig, wenn es in einer Beziehung immer gleich läuft und seine Freundin brav zu Hause sitzt und mit dem Essen auf ihn wartet. Männer suchen die Aufregung und die Gefahr, und wenn sie eine kniffelige Situation gemeistert haben, können sie sich wie Helden fühlen.

Leben Sie Ihr eigenes Leben, machen Sie viel mit Freundinnen. Seien Sie für ihn nie durchschaubar, Ihre Handlungen sind nie vorhersehbar. Einmal sind Sie zu Hause, wenn er kommt, ein anderes Mal sind Sie weg, ohne ihn vorher vorzuwarnen. Sie pflegen immer noch Ihre Freundschaften und unternehmen viel mit anderen Leuten. Sie haben drei Tage in der Woche Zeit für ihn, an den restlichen Tagen machen Sie etwas für sich alleine. Er überlegt sich dann, wieso Sie nicht so viel Zeit mit ihm verbringen und was Sie tun, wenn Sie nicht mit ihm zusammen sind, und schon werden Sie wieder etwas interessanter und aufregender für ihn.

Als kleine Mädchen wird uns beigebraucht, immer schön nett und still zu bleiben. Dadurch entwickelt eine Frau das Denken, sie werde nur geliebt, wenn sie brav ist. Nett sein ist ja schön und gut, aber es soll nie zur Selbstaufgabe werden. Ein Mann wünscht sich keine Wachsfigur als ernsthafte Partnerin. Je mehr Sie unabhängig denken und sich nicht durch seine Meinung beeinflussen lassen, umso attraktiver und aufregender sind Sie für andere. So wird er ganz verzaubert von Ihnen sein. Natürlich werden Sie ihn manchmal zur Verzweiflung bringen, weil er versucht, Sie zu verbiegen. Männer werden das immer wieder versuchen. Und zwar, weil er es einerseits auch gerne bequem hat, aber wenn es für ihn bequem ist, dann langweilt er sich mit der Zeit und wundert sich, was eigentlich geschehen ist. Es ist immer noch besser, wenn er manchmal von Ihnen genervt ist, weil er etwas nicht gleich sofort haben kann, aber dafür werden Sie immer mit großer Achtung und Respekt behandelt. Ein Mann spürt deutlich weniger Gewicht auf seinen Schultern lasten, wenn seine Freundin unabhängig von ihm glücklich ist und er nicht die ganze Zeit dafür sorgen muss, sie glücklich zu machen. Hält ein Mann eine Frau für bedürftig, nimmt er ihre Aufmerksamkeit nicht ganz ernst, weil er von ihrer Meinung nicht viel hält. Manchmal necken Männer absichtlich eine Frau, wenn sie ihn aber humorvoll zurechtweist, schmeichelt das ihm und er denkt sich: „Sie muss es einfach wert sein, geliebt zu werden. Sie hat richtig Klasse." Ein Mann findet es sexy, wenn eine Frau aufrichtig zu ihrer Überzeugung steht, es ist ein Ansporn für ihn, wenn sie nicht immer gleicher Meinung ist und er manchmal aus der Reserve gelockt wird. Eine anspruchsvolle Frau reizt ihn sexuell viel mehr, weil er weiß, dass er sie nie ausnutzen kann.

Planen Sie **nie** etwas für die Festtage, um Ihren Freund zu überraschen.

Wir fragen nicht mal, ob er mit uns diese Tage verbringen möchte. Er ist derjenige, der etwas organisiert und uns einlädt. Es ist auch nicht richtig, die Familie sitzen zu lassen, um stattdessen die Zeit mit dem neuen Freund zu verbringen. Wenn wir jedes Jahr immer zur Weihnachtszeit bei unserer Familie waren, behalten wir das bei und fahren wieder zu ihnen, ohne den Freund einzuladen. Er kann mitkommen, wenn er selber fragt. Sonst fühlt er sich überfordert. Männer mögen es nicht besonders, wenn die Freundin ihn zu ihrer Familie mitschleppen möchte. Und wir kommen auf keinen Fall auf die Idee, IHN zu fragen, ob er die Zeit mit uns verbringen möchte. Er muss uns fragen, und zwar möglichst früh, sonst sind wir verplant.

Wir überlassen ihm das Ruder, dann kommt das beste Resultat heraus. Wieso? Weil wir uns nicht abmühen müssen, um ihn zu beeindrucken. Es wird von ihm viel zu wenig respektiert, wenn er weiß, dass es für uns so wichtig ist, mit ihm diese Tage zu verbringen. Er fühlt sich total sicher und er weiß, er muss nichts tun und kann sich zurücklehnen, er übernimmt den passiven Teil und so verhält er sich uns gegenüber auch passiver, er muss sich nicht ins Zeug legen. Und wir wissen nicht, ob er lieber etwas anderes tun wollte und nur uns zuliebe mitmacht. Darum gibt es an diesen Tagen auch häufig Streit. Die Frau, die etwas organisiert hat, erwartet Dankbarkeit für etwas, was er vielleicht gar nicht von ganzem Herzen wollte. Er wollte die Feiertage vielleicht ganz anders verbringen. Wenn ein Mann in eine Frau verliebt ist, möchte er mit ihr diese Zeit verbringen und wird Sie von sich aus fragen. Wenn der Mann aber ohne es zu wollen in ein organisiertes Nest fällt, wird er es weniger zu schätzten wissen.

Leila:
Silvester hatte ich mit meiner Freundin schon im November geplant. Mein Freund hatte bei sich zu Hause eine Party organisiert und wollte mich auch dabei haben. Leider fragte mein Freund mich zu

spät Anfang Dezember. Er redete immer wieder von dieser Party und wie er sich doch freuen würde, wenn ich dabei wäre und dass er extra vegetarische Sachen auf den Grill legen würde für mich, weil ich kein Fleisch esse. Und meine Freundin wäre auch eingeladen. Ich blieb bei meinem Standpunkt und erklärte ihm, dass meine Freundin das nicht will und ich sie nicht sitzen lassen möchte. Am Silvestertag fragte er mich zum letzten Mal, ich ließ mich aber nicht mehr umstimmen. Weil er mich vermisste, kriegte ich um Punkt 24 Uhr einen Anruf von ihm, um mir ein schönes neues Jahr zu wünschen, und er sagte, dass er am liebsten bei mir wäre und mich vermisst. Ich bin mir sicher, wenn ich doch noch zu ihm gegangen wäre, nachdem er mich zum zehnten Mal gefragt hatte, hätte er mich als seinen Ehrengast behandelt, weil er mich überzeugen musste. Aber so war es genauso gut, weil er merkte, dass ich eine starke Frau bin, die sich nicht beeinflussen lässt und nicht alles liegen und stehen lässt wegen ihm und auch keine engen Freunde im letzten Moment einfach hängen lässt.

Sonja:
Für Silvester habe ich etwas für meinen Freund und mich organisiert. Ich kaufte Karten für einen Event. In den neun Monaten Beziehung war es das erste Mal, dass ich etwas für uns organisierte. Ich hatte nie große Probleme mit meinem Freund gehabt, aber an diesem Silvesterabend hat er sich total schlecht benommen, war mir gegenüber respektlos und wir hatten einen heftigen Streit. Am nächsten Tag meldete er sich zuerst mit lahmen SMS: „Hallo wie geht's?" Zum Glück habe ich deinen Rat befolgt und nicht auf seine Nachrichten geantwortet. Nach vier SMS von ihm und keine Reaktion von mir schien es so, als wollte er es wieder gut machen, er kam zu mir um sich zu entschuldigen. Er brachte Blumen mit und plant, mich zum Abendessen am Samstagabend in einen Restaurant einzuladen, wo ich schon immer mal hingehen wollte. Ich bin mir aber sicher, wenn ich auf seine SMS reagiert hätte, hätte er sich nicht so viel Mühe gegeben mit seiner Entschuldigung.

Gelassenheit wird belohnt

Eine Lady reagiert in jeder Situation gelassen und respektvoll.

Wenn er schlechte Manieren hat, entfernen Sie sich diplomatisch von ihm. Ist er wie ein Gentleman, seien Sie dagegen freundlich und charmant zu ihm. Wenn er anfängt, sich bei einem Date sich nicht gut zu benehmen, indem er einen blöden Spruch macht, mit dem Handy rumspielt, lange telefoniert, immer wieder SMS schreibt usw., schauen Sie gelangweilt auf die Uhr oder entschuldigen sich und gehen zur Toilette. Bleiben Sie mindestens 15 Minuten weg. Sie können sich ja noch mal nachschminken oder sich die Nägel feilen und lackieren. Oder wenn es langweilig ist im Gang spazieren und Broschüren anschauen. Das ist viel besser als wütend oder beleidigt zu reagieren und Sie geben ihm Zeit zum Überlegen. Er wird die Botschaft verstehen und wissen, dass, er zu weit gegangen ist. Zeigen Sie ihm seine Grenzen! Sie können sein Verhalten, seine eigentliche Motivation beeinflussen. Wenn es Ihnen zu viel wird, verabschieden Sie sich: „Du, ich habe mich entschieden, ich mache doch etwas anderes. Tschüss!" Und dann nichts wie weg.

Egal wie er sein Interesse zeigt, ob auf sexuelle, neugierige, romantische, ernsthafte oder verspielte Weise, er muss es immer in einer respektvollen und männlichen Art und Weise tun. Wenn ein Mann uns aber das Gefühl vermittelt, es stimme an uns etwas nicht und es für uns unangenehm ist, dann beenden wir das Gespräch, verlassen anmutig und mit Würde und Klasse den Raum und gehen nach draußen, frische Luft schnappen. Es hilft, einfach mal kurz wegzugehen, um unsere Fassung wieder zu erlangen und kurz nachzudenken, wieso uns sein Verhalten so aufwühlt. Wir sollten keine unkontrollierten Gefühlsausbrüche bekommen, weil wir auf einen Mann wütend sind, und schon gar nicht in der Öffentlichkeit, was uns danach peinlich ist. Besser, wir zeigen uns gelassen und gefasst, bis wir wieder einen klaren Kopf haben. Ohne große Worte! Dies ist der schwierigste Teil, weil wir als Frauen immer auf Männer einreden, als würden wir mit einer Frau sprechen, aber Männer sind völlig anders verdrahtet als wir, vor allem wenn es um Romantik geht. Da ist langes Bereden völlig unwirksam und der Schuss geht nach hinten los. Er denkt dann nur, die Frau tickt nicht mehr richtig! Und hört gar nicht mehr zu. Eine Frau, die Klasse hat, bleibt dagegen in jeder Situation gelassen. Mit dieser für ihn ungewohnten Art bleibt sie in guter Erinnerung und er hat große Achtung vor ihr, weil er sonst immer nur Frauen kannte, die ihm Vorwürfe machten und die ihn in den Boden redeten.

Sind wir sehr wütend, sagen wir meisten Sachen, die den anderen verletzten können und die wir danach bereuen. Wir können es aber dann nicht mehr rückgängig machen. Ich meine damit nicht, Sie sollen Ihre wahren Gefühle unterdrücken, sondern nur überlegter an die Sache herangehen und nicht sich von Ihrer Wut leiten lassen. Vertrauen Sie darauf, es ihm mit Gesten zu zeigen, wenn er Sie verärgert hat, das hat viel mehr Wirkung als böse, belehrende Worte. Wenn Sie zum Beispiel einfach sagen, ohne etwas lang und breit zu erklären: „Lass mich jetzt einen Moment alleine!" und sich dann von ihm entfernen, erkennt ein Mann sehr genau, was gut oder schlecht ist und wo er zu weit gegangen ist. Wir müssen innehalten, um zur Ruhe zu kommen und Klarheit zu bekommen.

Wenn er sich wirklich schlecht benommen hat und versucht, Sie irgendwie klein zu machen, dann ist es am sinnvollsten, auf Nimmerwiedersehen zu verschwinden. Umso früher wir es merken, umso besser.

Einen leisen Verdacht oder ein ungutes Gefühl zu haben, genügt schon. Auf ein gesundes ungutes Bauchgefühl ist immer Verlass. Wir haben eine ausgesprochene Intuition, die wir manchmal einfach nicht ernst nehmen, um dann viel später festzustellen, dass wir es eigentlich schon geahnt haben. Möchten Sie immer ein ungutes Gefühl haben? Sicher nicht! Jedenfalls wissen wir: Wenn wir uns selbst lieben genügt das, um vieles auszuschließen. Und ein wacher Kopf gehört auch dazu. Wir lieben zwar mit dem Herzen, aber unser Kopf bleibt wach und ignoriert auch nicht unser ungutes Gefühl, sondern wir hören auf unsere Intuition.

Wir können Erwartungen stellen, bevor wir eine Beziehung eingehen, um zu wissen, was wir wollen. Wenn er mit seinem Verhalten und seiner Einstellung so überhaupt nicht zu uns passt, dann sollten wir auch nicht mit ihm eine Beziehung eingehen, auch wenn er noch so gut aussieht. Er wird unsere Erwartungen nicht erfüllen, weil er sich nicht ändern kann. Es ist völlig unrealistisch, eine Beziehung einzugehen und zu erwarten, er könne sich noch verbessern und dann Ihren Erwartungen entsprechen. Solch eine Beziehung ist zum Scheitern verurteilt. Und wer glaubt, nur durch eine Partnerschaft sein Glück zu finden, der wird ebenso enttäuscht, weil so vom Partner alles abverlangt wird, was dieser aber gar nicht erfüllen kann. Unser Glücklichsein hängt nie von einer Beziehung ab, wir müssen selber für unser Glück sorgen. Machen wir aber unser Glück von der Beziehung abhängig, dann werden wir nur frustriert, weil wir auch da völlig unrealistische Erwartungen an unsere Partner stellen. Kein Mensch kann solche überzogenen Erwartungen erfüllen.

Beziehungsirrtum: „Mein Partner soll mich glücklich machen." NEIN! Wir sind unabhängig vom Partner glücklich.

Manchmal ist es sinnvoll, das Verhalten seiner Haustiere zu beobachten, wenn ein Mann zu Besuch ist.

Lilly:
Ich hatte einen Mann zu mir eingeladen, mit dem ich mich schon mehrmals getroffen hatte. Ich ließ ihn kurz alleine im Wohnzimmer und ging in die Küche, um Kaffee zu machen. Als ich zurückkam ließ ich beinahe die Tassen fallen, mein Besucher stand vor meiner schwarzen Katze und drängte sie in die Enge. Das Gesicht meiner Katze war voller Angst und sie fauchte. Der Typ sagte nur, schwarze Katzen brächten Unglück. Ich wollte ihm am liebsten den heißen Kaffee ins Gesicht schütten, so wütend war ich. Zum Glück konnte ich mich gerade noch beherrschen und sagte in einem ruhigen aber strengen Ton: „Verlass sofort meine

Wohnung und lass dich hier nicht mehr blicken!" Meine Katze ist zu allen Leuten sehr aufgeschlossen und freundlich, ich habe sie noch nie so verstört und verängstigt gesehen und sie hat noch nie einen Menschen angefaucht, der bei mir zu Besuch war. Ich fragte mich, was muss das für ein Mensch sein, der so was tut? Der ein Tier, das ihm nichts getan hat, so bedrängt?

Wer dagegen mit allen Tieren und Menschen liebevoll umgeht, muss einen guten inneren Kern haben und ist ein feinfühliger Mensch.

Starke Frauen lassen sich nie schlecht behandeln

Wehret den Anfängen, würde ich sagen! Eine Frau muss dem Mann von Anfang an Grenzen setzten. Auch wenn das, was er tut, noch harmlos ist, können Sie somit seinem schlechtem Benehmen ein Ende setzen, bevor es erst richtig beginnt. Er braucht das. Ein Mann testet immer, wie weit er gehen kann. Die kluge Frau steuert ihn sanft und ohne, dass er es bewusst merkt dorthin, wo sie ihn haben möchte. Sie macht ihm keine Vorwürfe, sie lobt ihn aber ausführlich, wenn er etwas Gutes gemacht hat. So vermehren sich seine guten Taten. Das Gute sollten Sie also bestärken, falls es nur Kleinigkeiten sind, die Sie stören. Anstatt zu nörgeln können wir unsere Aussage zu einem positiven Satz verändern. Wir können ihm klarmachen, was wir uns wünschen und wie unsere Vorstellung aussieht. Sagen Sie ihm im süßesten Ton: „Du würdest mich so glücklich machen, wenn du das für mich tun könntest."

Viel zu viele Frauen suchen nach Entschuldigungen für einen Mann, der sie schlecht behandelt. Das ist reiner Selbstbetrug! Der Paradesatz eines weiblichen Selbstbetrugs lautet: „Eigentlich ist er sonst ganz lieb, er hat auch seine gute Seiten." Ach wirklich? Wieso bringt er diese ach so guten Eigenschaften dann so selten zum Ausdruck? Merkwürdigerweise lassen sich dieselben Frauen von anderen Menschen nie schlecht behandeln, aber wenn es um einen Mann geht, dann suchen sie immer eine Entschuldigung für sein Verhalten. All die guten Vorsätze werfen sie zum Fenster hinaus und geben die ganze Macht über sich an diesen Mann ab. Solche Frauen verehren ihren Partner, sind verrückt nach ihm und er weiß es. Er weiß, er kann sie schlecht behandeln und sie kommt dann trotzdem wieder zu ihm gekrochen. Sie braucht diese Spannung und Hoffnung.

Solange wir Liebe mit Schmerz verbinden, ist es keine richtige Liebe, dann haben wir ein völlig verzerrtes Bild davon.

Es gibt Menschen, die sich immer gerne als Opfer darstellen. Sie suchen die Aufmerksamkeit Dritter, die Mitleid mit ihnen haben, der Partner wird als böser Täter dargestellt. Oder diese Leute suchen sich immer wieder einen Partner, der sie schlecht behandelt, um schön in der Opferrolle zu bleiben. Es gibt aber immer zwei Wege: Möchten Sie die Bedürftige spielen, mit der alle Mitleid haben, oder lieber die starke Frau sein? Mit diesen Worten möchte ich alle Frauen wach rütteln, die in einer solchen Situation sind. Seien Sie eine Kämpferin, seien Sie stark!

Frauen sollten immer von Männern umsorgt werden und Ihr Partner sollte immer Ihre Bedürfnisse berücksichtigen und ernst nehmen. Eine Partnerschaft sollte immer ein Zugewinn an Glück sein, darum geben Sie sich nicht mit weniger zufrieden. Der falsche Mann an Ihrer Seite ist der größte Störfaktor auf dem Weg zum Glück.

Viele Frauen verschwenden unfassbar viel Energie darauf, sich den Falschen passend machen zu wollen. So vergehen Monate und Jahre, die Unzufriedenheit steigt, die Jugend nimmt ab, Frustration setzt ein, Sorgenfalten kommen dazu und er ist immer noch derselbe. Wir Frauen glauben häufig, er könne sich noch ändern, und er verspricht es ja auch. Frage: Kann dieser Mann sein Fehlverhalten wirklich einfach so abstellen? Ich behaupte NEIN, nicht so schnell. Wenn er ein liebloses Verhalten Ihnen gegenüber zeigt, dann kann er in dem Moment, wo er es tut, gar nicht anders. Vielleicht kommt er eines Tages zur Besinnung und kann sein Verhalten ändern, weil er erkannt hat, wie sehr er im Unfrieden mit sich selbst ist und andere verletzt. Aber das braucht Zeit, viel Zeit. Und es ist unsicher, wie sehr jemand sich verändern kann, der grundsätzlich eher eine schlechte Meinung von Frauen hat. Wir warten also nicht auf eine Veränderung bei einem Mann. Wenn er nach einer Woche zurückkommt und so etwas sagt wie; „Ich habe viele Fehler gemacht. Es tut mir leid. Ich mache es nie wieder, ganz bestimmt", dann lässt ihn das nicht zum besseren Menschen werden, sondern nur zu einem, der ein schlechtes Gewissen und Schuldgefühle hat. Er ist aber noch immer nicht in der Lage, Sie zu respektieren und liebevoll zu behandeln. Er wünschte, er könnte es, aber er kann es nicht. Vielleicht in ein paar Jahren, wenn er zur eigenen Erkenntnis gekommen ist. Es gibt auch Männer, die ihr Verhalten immer wieder entschuldigen, indem sie sagen: „Du machst mich so rasend wütend, dass ich gar nicht anders kann." Sie schieben die Schuld der Partnerin zu. Und viele Frauen sind zu unsicher und zweifeln zuerst an sich selbst, statt das Verhalten des Mannes zu hinterfragen und es als sein Problem zu interpretieren.

Es gibt Menschen, die immer die Schuld von sich weisen und jemand anderem die Schuld geben. Das sieht dann so aus: Sein Fehler redet er schön, zum Beispiel: „Das ist doch gar nicht so schlimm." Statt sich zu entschuldigen gibt er der Freundin die Schuld und versucht, sein schlechtes Benehmen auf sie abzuschieben, indem er sagt: „Tu jetzt nicht so zickig." Als wäre er berechtig, sich so zu benehmen. Oder er entschuldigt sich halbherzig, ohne sich selber zu hinterfragen, ob seine Aussage zu verletzend war.

Es gibt Männer, die absichtlich etwas Gemeines sagen, um die Partnerin klein zu machen. Zu einer Freundin, die sehr schlank ist, sagte ihr Freund „Du hast dicke Beine." Wenn er solche Gemeinheiten sagt, dann ist es am sinnvollsten, die Finger von ihm zu lassen. Es einfach übergehen, (ab-)warten, bis er netter wird, hoffen und uminterpretieren zahlen sich da nicht aus. Nehmen Sie ihn, wie er ist, oder lassen Sie ihn, aber versuchen Sie nie, einen Mann, den Sie so kennengelernt haben, zu ändern. Überlegen Sie sich, ob es sich um einen großen Mangel oder um eine unbedeutende Macke handelt und wie wichtig Ihnen Treue, Zuwendung und Verlässlichkeit wirklich sind. Stellen Sie sich vor, wie Ihre Zukunft mit ihm aussehen soll, wie es Ihnen damit ginge und auch, welche Dynamik sich entwickeln würde und ob Sie auch später noch so leben möchten. Schauen Sie den Tatsachen ins Auge, seien Sie ehrlich zu sich selbst und machen Sie sich nichts vor! Thematisieren Sie das Problem ihm gegenüber auf keinen Fall. Klären Sie das zuerst mit sich selbst, um herauszufinden, was für Sie eine glückliche Beziehung ausmacht.

- Wollen Sie eine solche Beziehung?
- Können Sie mit ihm so leben, ohne sich über sein Verhalten weiterhin den Kopf zu zerbrechen oder sich zu ärgern?
- Haben Sie Angst, er könnte Sie betrügen?
- Sind Sie damit zufrieden?

Wenn ja, müssen Sie sein Verhalten akzeptieren und sich damit abfinden. Oder Sie trennen sich von ihm. Wir können den Charakter einer Person nicht ändern.

Häufig glauben wir Frauen, wir müssten alles geben und opfern uns auf für einen Mann, der es nicht verdient. Überhaupt sollen wir uns für niemanden aufopfern, weil das nur unsere Energie frisst. Sie sind einmalig und wunderbar, und zwar genau so, wie Sie sind! Sieht er Sie auch so, wird er sich für Sie die Beine ausreißen. Sie werden somit einen Mann anziehen, der mit Ihnen respektvoll und liebevoll umgeht. Jedenfalls habe ich selbst diese Erfahrung gemacht, seit ich erkenne, wer mir gut tut und wer nicht. Und solche Erfahrungen sind wunderbar, es ergeben sich plötzlich viel mehr Möglichkeiten. Ich ziehe liebevolle Menschen an, ich bin zufriedener, gelassener, ich mache nur Dinge, die für mich stimmen und schlussendlich habe ich auch mehr Zeit für mich, weil ich mich weniger mit der anderen Person beschäftige.

Falls Ihnen etwas an ihm nicht passt, dann stellen Sie sich zuerst selbst die Fragen: Wieso stört mich das so? Kann ich etwas tun, dass es mich nicht mehr so stört? Vielleicht mit meiner Einstellung? Oder stört mich das so, dass ich ihn auffordern muss, es nicht mehr zu tun? Den Partner können wir nicht ändern. **Unterstellen Sie ihm aber nichts, Sie können ihm stattdessen eine klare Frage stellen.**

Unterstellen Sie ihm etwas, kann er besser vom Thema ablenken und sagen: „Du bildest dir das nur ein." Bei direkten Fragen kann er weniger ausweichen, er muss Ihnen eine Antwort geben. Mit Vorwürfen spielen Sie ihm die Macht zu, er hat Sie somit in der Hand. Oder er belächelt Sie, weil er Sie nicht mehr als vollwertige Person sieht! Eine Frau, die große Gefühlsausbrüche hat, wird schnell als hysterisch abgestempelt. Klären Sie also alle Probleme zuerst mit sich selber und bleiben Sie ihm gegenüber immer sanft, glücklich und geheimnisvoll. Lenken Sie sich ab, machen Sie etwas, was Ihnen so richtig Spaß macht! Wir sind hier auf dieser Welt, um Freude zu haben und nicht, um die Zeit mit Grübeln zu verschwenden.

Er kann Ihnen fünfmal in der Woche sagen, dass er Sie liebt, wenn er Sie aber schlecht behandelt, ist es keine Liebe. Beurteilen Sie einen Mann nach seinen Taten und nicht nach seinen Worten!

Beobachten Sie, wie ein Mann sich im Alltag verhält, dort zeigt sich sein wahrer Charakter.

Menschen mit wahrer Größe verhalten sich in jeder Situation großartig.

„Im Zorn zu verharren ist so, als würde man ein glühendes Kohlenstück ergreifen, um einen anderen damit zu bewerfen; wer sich dabei verbrennt, bist nur du selber."
Gautama Buddha (Begründer des Buddhismus), ca. 563–483 v. Chr.

Affirmation für eine Versöhnung mit sich selbst und der Situation:
Ich verzeihe dir.
Ich verzeihe mir.
Ich liebe mich.
Danke!

Reagieren Sie unbeeindruckt, wenn er abwertende Bemerkungen über Ihr Aussehen macht.

Eine starke Frau lässt sich nicht beirren, wenn ihr Freund plötzlich Dinge sagt wie: „Dein Po ist zu dick", obwohl sie schlank ist. Sie fragt sich stattdessen, ob er noch ganz richtig im Kopf ist und ob sie wirklich mit einem Typen zusammen sein möchte, der versucht, sie schlecht zu machen, um sich selber besser zu fühlen.

Wollen Sie herausfinden, ob Ihr Freund ein echter Freund ist, dann achten Sie darauf, ob er Bemerkungen macht, die Ihnen Mut machen.

- Macht Ihnen Ihr Freund Komplimente? Wenn er Ihnen echte Komplimente macht über Ihr schönes Kleid oder Ihre Arbeitseinstellung, dann ist er ein positiver Partner, der es gut mit Ihnen meint. Können Sie sich jedoch nicht mehr daran erinnern, wann Ihr Partner Ihnen zum letzten Mal ein Kompliment gemacht hat, dann ist das schade.
- Macht Ihr Freund Ihnen Mut? Ihr Partner ist ein echter Freund, wenn er Sie vor einer Arbeit, einem Vorstellungsgespräch oder einer sonstigen Herausforderung, die Sie bestehen müssen, positiv bestärkt. Hören Sie jedoch niemals aufbauende Worte, selbst wenn Sie es ganz dringend brauchen, dann ist Ihr Freund wohl nicht so daran interessiert, wie es Ihnen geht.
- Muntert Sie Ihr Partner auf? Natürlich muss er nicht immer alles bejubeln, was Sie machen. Aber, vor allem sollte er Ihnen von Herzen Erfolg wünschen, egal, um was es geht.

Linda:
Mein Freund hatte mich mit blondierten Haaren kennengelernt. Nun hatte ich es aber satt, immer meine Haare zu färben und ich wollte wieder meine dunkelblonde Naturfarbe nachwachsen lassen. Ich habe nämlich eine sehr schöne Haarfarbe und fand es schade, sie zu überfärben. Außerdem waren meine Haare durch das viele Färben sehr strapaziert. Also ließ ich sie mir dunkler färben, um dann die Naturhaare nach-

wachsen zu lassen. Als mein Freund mich das nächste Mal sah, machte er eine negative Bemerkung: „Was hast du bloß mit deinen Haaren gemacht? Sie sind so dunkel. Mir haben die blonden Haare besser gefallen." Ich habe nur mit den Schultern gezuckt und gesagt: „Mir gefallen sie, und alle anderen finden es auch schön." Ich habe mich nicht durch seine Meinung beeinflussen lassen.

Weil Linda sich überhaupt nicht verunsichern ließ, glücklich mit ihrer Veränderung war und es auch ausstrahlte, sagte ihr Freund nach ein paar Wochen, als er sich an ihr neues Aussehen gewöhnt hatte: „Du siehst so natürlich und wunderschön aus. Du hattest recht, deine Haare sind schöner als vorher."

Wenn Sie sich selbst liebevoll behandeln, werden Sie von Männern auch liebevoll behandelt. Es wird Sie schützen, Ihren eigenen Wert zu sehen und sich nicht ausnutzten zu lassen.

Beenden Sie eine Beziehung, die nicht vorwärts geht

Folgende Dinge passieren immer wieder: Eine Frau geht eine unverbindliche Beziehung ein und verliebt sich in ihn, sie erhofft sich natürlich mehr und bildet sich sogar ein, da wäre von seiner Seite her auch mehr oder könnte noch mehr werden. Wenn wir in solch einer Fantasie-Beziehung hängen bleiben, ist es nichts anderes als der Wunsch und die Sehnsucht nach Liebe. In einer Fantasie-Beziehung bleiben wir aber immer in dieser Sehnsucht stecken und kriegen nicht die Liebe, die wir uns so wünschen. Eine Fantasie-Beziehung ist nichts anderes als Selbstschutz, sie ist keine Beziehung mit viel Nähe; wir halten Abstand, voller Angst vor tiefen Gefühlen und vor Verletzungen. Dabei werden wir aber viel mehr verletzt, wenn wir uns etwas vormachen.

Bei der **nicht erwiderten Liebe** leidet unsere Seele. Wenn wir uns in einen Mann verliebt haben und dieser keinerlei Anzeichen erkennen lässt, dass er ebenso verliebt ist, dann entsteht für uns ein Seelenschmerz, wir fühlen uns unsicher, ungeliebt und traurig. Wir sind geschwächt und unsere Gedanken kreisen nur noch um diesen Mann. Wie kommt man wieder aus diesem Teufelskreis heraus? Es ist meistens ein altbekanntes Gefühl. Mussten Sie auch bei Ihren Eltern um Liebe und Anerkennung kämpfen? Diese Unnahbarkeit leben Sie jetzt weiter in der Partnerschaft. Sie verbinden Liebe damit, dass Sie um die Aufmerksamkeit geliebter Menschen kämpfen müssen. Wir alle möchten geliebt werden und denken vielleicht, nur ein Partner kann unseren großen Hunger nach Liebe und Erfüllung stillen. Es ist aber falsch, dies von einem Partner zu verlangen, wenn wir uns selbst gar nicht lieben. Wie soll uns ein anderer Mensch das geben, was wir uns selbst nicht geben können? Wir können nicht etwas von jemandem verlangen, zu dem wir selbst nicht in der Lage sind. Darum stellen Sie sich doch mal die Frage: Liebe ich mich selbst? Wir müssen zuerst lernen, uns selber zu akzeptieren und zu lieben. So können wir uns glücklich fühlen, ohne das wir dazu einen anderen Menschen brauchen, der uns diese Glücksgefühle herzaubert. Und wenn wir es geschafft haben uns zu mögen und unsere kleinen Macken anzuerkennen, dann geschieht das fast Unerreichbare: Wir ziehen immer mehr Männer an, die uns lieben so wie wir sind, und einer wird ganz bestimmt darunter sein, in den wir uns auch verlieben können.

Bleiben Sie nicht in einer Beziehung hängen, in der es nicht vorwärts geht. Spätestens nach einem Jahr weiß man, wohin die Beziehung führt und falls er keine klaren Vorstellungen hat, sprechen Sie das Thema einfach an. Sie haben das Recht zu erfahren, was er für Pläne hat. Am besten das Thema gleich ansprechen, kurz und bündig ohne groß drum herum zu reden. Wir müssen es für ihn verständlich ausdrücken, denn wenn wir eine lange Rede halten, wie wir Frauen es gerne machen, dann ist er verwirrt und weiß am Ende nicht, was wir eigentlich wollen. Wir wollen eine klare Antwort, darum drücken wir uns klar aus und bringen es gleich auf den Punkt. Hier ein Beispiel:

„Was wünschst du dir in der Zukunft für unsere Beziehung?"

Ist es Ihr Wunsch zu heiraten, reden Sie mit ihm über Ihre Vorstellungen. Machen Sie deutlich, dass für Sie eine ernsthafte Beziehung oder Heirat wichtig ist. Halten Sie es kurz und freundlich ohne zu fordern. Sie teilen ihm einfach mit, was für Sie wichtig ist, dann ziehen Sie sich für eine Weile zurück und geben ihm Raum, um sich Gedanken darüber zu machen. Wenn für Sie das Heiraten so wichtig ist, er aber nicht möchte, dann ist es am besten, wenn jeder eigene Wege geht, weil beide ein anderes Ziel verfolgen. Wenn er etwas sagt wie, er wolle Sie irgendwann mal heiraten, dann ist es am besten, wenn Sie weiterziehen, er möchte Sie nur hinhalten. Fragen Sie ihn wann, und wenn der Termin mehr als ein Jahr entfernt ist, sollten Sie ernsthaft erwägen, ihn weniger zu sehen und andere zu treffen. Das ist jetzt zwar ein wenig beängstigend, aber eigentlich ganz einfach. Wenn er sagt: „Ich möchte mich jetzt nicht binden, ich liebe es so, wie es ist, aber vielleicht in ein paar Jahren", bewegen Sie sich weiter, so sind Sie frei für jemand anderen.

Wenn Sie sich früh Gedanken machen, ob er zu Ihnen passt und ob es ihm ernst ist, hat es den Vorteil, dass Sie beziehungsunfähige Männer gleich aussortieren und sich gar nicht lange mit einem Mann abzugeben, der nicht weiß, was er will. Einmal sagt er, er möchte eine Beziehung mit Ihnen und ein paar Tage später braucht er Abstand. Solche Männer werden schon mal aussortiert. Im Zweifelsfall fragen Sie nochmals nach, was er für Vorstellungen hat, auf diese Weise wissen Sie es rechtzeitig, wenn er nicht zu Ihnen passt und Sie verschwenden keine Zeit und Gefühle an solch einen Kandidaten.

Komplett von der Erdoberfläche verschwinden und ihn nicht weiter treffen sollten Sie wenn:

a) er über die Beziehung unsicher zu sein scheint
b) er Sie um Raum und Abstand gebeten hat
c) er Sie in irgendeiner Weise schlecht behandelt hat.

Es ist ziemlich klar: Wenn ein Mann eine Frau vom Herzen liebt, möchte er mit ihr zusammen sein. Da gibt es gibt keine Ausreden wie: „Zuerst muss ich mehr verdienen, damit ich es mir leisten kann", „Lieber erst, wenn ich mit dem Studium fertig bin", „Die Ehe ist nur ein Stück Papier" usw.

Männer sind sehr bequem bei solchen Sachen, einen Mann kümmert es weniger, wenn er in einer Beziehung ist, ohne zu heiraten. Ihm ist es nicht so wichtig wie einer Frau. Vielleicht heiratet er auch nur, weil es von ihm erwartet wird. Er könnte auch ohne zu heiraten mit ihr glücklich sein. Aber wenn er sie liebt und es ihr Wunsch ist, dann wird es auch sein Wunsch sein, weil er spürt, dass nur diese Frau die richtige zum Heiraten ist.

Wir vergeuden auf keinen Fall unsere Energie an einen unentschlossenen Mann. Das heißt, solange wir nicht in einer festen, ernsthaften Beziehung sind, verhalten wir uns auch nicht so … Wir haben gelegentlich Dates mit anderen Männern, fragen den Unentschlossenen nie nach einem Treffen, treffen uns mit Freunden, gehen in der Natur spazieren, machen Sport oder was auch immer. Wir leben schön unser Leben weiter … und lassen ihn auch machen, was er möchte. Wir investieren keine Gefühle in eine nicht vorhandene Beziehung.

Ganz viele Frauen machen leider den Fehler, lange in einer Partnerschaft zu bleiben, die zu nichts führt – in der Hoffnung, er würde sich noch ändern. Auch ich musste diese Erfahrung machen, um im Nachhinein zu erkennen, wie kostbar meine Zeit ist und wie schade es doch ist, wenn ich mit einem falschen Mann zusammen bin, der eine ganz andere Lebens- oder Zukunftseinstellung hat. Vor allem wenn Sie heiraten möchten und er nicht den Eindruck macht, als würde ihn das Thema sehr beschäftigen. Das ist wie mit einem Apfel, der zwar knackig und saftig aussieht, sich nach dem ersten Biss aber als mehlig und fad entpuppt. Einerseits ist ein mehliger Apfel unter Umständen vielleicht besser als gar keiner. Aber solange wir an diesem einen herumkauen, entgehen uns alle anderen, die sich als das entpuppen könnten, was wir uns wirklich wünschen. Der Mann weiß genau, was er möchte. Er sagt es Ihnen nur nicht direkt, um Sie nicht zu verletzten oder um Sie bei der Stange zu halten, bis eine andere kommt. In Interviews mit Männern sagten 80 %, sie wüssten sofort, ob eine Frau als potenzielle Partnerin/Ehefrau infrage käme. Zu der einen Frau sagt ein Mann also möglicherweise, er wäre nicht bereit für eine Beziehung –, dann kommt eine andere daher, in die er sich total verliebt, und plötzlich ist er doch bereit.

Sagt ein Mann: „Er möchte Sie vielleicht später mal heiraten." Dann wird er es nicht wirklich wollen. Wenn er ein Hin und Her veranstaltet, verschwindet mal, kommt wieder zurück, unzuverlässig und unschlüssig ist: Ist das etwas, mit dem Sie leben wollen? Für immer?

Rufen Sie ihn **nie** mehr an, wenn er nicht bereit für eine ernsthafte Beziehung ist. Falls er mit Ihnen zusammen sein will, wird er anrufen und zu diesem Zeitpunkt können Sie selber entscheiden, was Sie mit ihm machen wollen. Ach ja, und rufen Sie ihn nicht sofort zurück. Am besten erst ein paar Tage später, wenn zwischen Ihnen Funkstille herrscht. Bleiben Sie stark und konsequent. Männer nehmen so viel, wie sie kriegen können; wenn es einfach ist, umso besser für sie. Aber vielleicht sind Sie irgendwann damit nicht mehr einverstanden oder unglücklich – darum überlegen Sie sich, was Sie wollen: Ehe oder Affäre? Niemand verurteilt Sie, wenn Sie lieber ungebunden sind, keine Zukunft mit ihm sehen und sich auch nicht in ihn verlieben, dann ist es ja in Ordnung. Seien Sie einfach vorsichtig! Ich kenne viele Frauen, die sagen, es sei kein Problem, sich nur rein sexuell mit einem Mann einzulassen. Aber genau diese Frauen fühlen sich nach einer gewissen Zeit trotzdem leer und ausgenutzt. Darum denken Sie nach, was Sie wollen. Sie können auch jemand besseren bekommen, der Sie als Person mag und nicht nur das Sexuelle. Ändern Sie Ihren Fokus. SIE verdienen etwas Besseres, als er Ihnen geben kann. Glauben Sie daran. Oder sagen Sie es zu sich selbst, bis Sie den Mut finden, etwas an Ihrer Situation zu ändern und sich von ihm zu distanzieren. Der Nächste kommt bestimmt! Verlieren Sie nie Ihre Würde wegen Männern, die nicht genug Interesse an Ihnen haben.

Sagt ein Mann, er sei nicht bereit für eine Beziehung, dann ist er nicht in Sie verliebt oder er hat einfach Angst vor einer Bindung. Dann ist es das Beste, sich von ihm abzuwenden. Es mag hart klingen, wenn man verliebt ist, aber auf der anderen Seite befreit es Sie von denen, die nicht auf der Suche nach einer Beziehung sind oder denen Sie offensichtlich nicht wichtig genug sind. Darum ist es eine gute Sache, so früh wie möglich zu merken, wie er zu Ihnen steht. Viele Frauen machen dann aber den Fehler zu hoffen, er könnte sich doch noch in sie verlieben, wenn sie sich nur genug bemühen und ihm zeigen, was für eine tolle Person sie doch sind. Das geht schon in die falsche Richtung, denn eine Frau muss sich einem Mann nicht beweisen. Wenn er verliebt ist, findet er sie toll so wie sie ist.

Beendet ein Mann die Beziehung, sollen Sie einen Schlussstrich ziehen und ihn nicht mehr sehen. Aber genau das fällt den meisten schwer. Viele Frauen machen es ihrem Ex leicht, er bekommt sie zu sehen, er kann jederzeit zu ihnen kommen und wird zusätzlich noch bekocht und umsorgt, er kann mit ihnen reden, kann immer wieder Sex haben, aber der Rolle, die er fürchtet, und Ihrem Wunsch nach wirklicher Nähe und Engagement kann er entkommen. Es bringt Ihnen nichts, im Gegenteil! Es verursacht Ihnen nur Schmerzen, wenn Sie ihn sehen und mit ihm sprechen. So können Sie nicht abschließen, es hindert Sie daran, jemand neuen an sich heranzulassen, Sie bleiben in der Warteschleife hängen.

Hier eine Geschichte – und das ist kein Einzelfall!

Emily:
Mein Freund ist sich in Bezug auf unsere Beziehung nicht mehr sicher, eigentlich hat er sie beendet und ist ausgezogen, aber wir treffen uns doch immer wieder und telefonieren jeden Tag. Weil ich mich so einsam in der großen Wohnung fühle und ihn vermisse, freue ich mich, wenn er vorbeikommt. Er besucht mich nach der Arbeit und ich koche für ihn. Hat er gegessen, geht er wieder und räumt nicht auf. Manchmal haben wir Sex. Langsam fühle ich mich etwas ausgenutzt, aber trotzdem komme ich von ihm nicht los.

Bitte lassen Sie es nicht so weit kommen, außer Sie möchten sich selber weiter quälen und ausnutzten lassen. Warten Sie nie auf einen Mann, der Bedenkzeit braucht, und bleiben Sie auch nicht gefühlsmäßig bei ihm hängen, sonst verlieren Sie kostbare Zeit, in der Sie jemanden kennenlernen könnten, der wirklich ernsthaft interessiert ist. So lassen Sie keine Chancen ungenutzt an sich vorbeiziehen.

Affirmation: Ich lasse dich los und bin offen für jemanden, der wirklich ernsthaft mit mir eine Partnerschaft möchte.

Seien Sie eine Herausforderung

Ein Mann nimmt, was er kriegen kann, gleichzeitig liebt er aber die Herausforderung. Er braucht die Spannung und dass nicht alles vorhersehbar ist. Er braucht den Adrenalinkick – warum sonst schauen Männer gerne Fußball? Wenn er das Ergebnis schon vorher wüsste, würde er sich das Spiel nicht anschauen, weil es ihn langweilen würde. Männer lieben und brauchen ständig eine mentale Herausforderung. Eine Frau, die nicht sofort zu haben ist oder die sich nicht immer nach ihm richtet, ist eine solche Herausforderung! Wenn ein Mann etwas nicht gleich haben kann, möchte er es noch dringender. Es beschäftigt ihn immer mehr und er bekommt große Sehnsucht danach, es regt seine Phantasie an. Das Geheimnis, um einen Mann an uns zu binden, ist: Genau dann, wenn er glaubt, er hat uns erobert, immer wieder wie ein Schmetterling ein bisschen davonflattern, so kann er uns nie richtig einfangen. Wir geraten nicht in Panik, wenn wir von ihm mal ein paar Tage nichts hören, wir sind nie so richtig einzuschätzen. Einmal handeln wir so, einmal reagieren wir ganz anders, einmal treffen wir ihn spontan, einmal haben wir die nächsten paar Tage keine Zeit. Mal nehmen wir das Telefon ab, mal auch nicht, wenn er anruft. Wir zeigen, dass wir noch unsicher sind, ob wir mit ihm zusammenziehen wollen. Der Mann ist überrumpelt, das hält ihn auf Trab. Eine glückliche, fröhliche Frau hat eine unglaublich verführerische Wirkung auf Männer. Die emotionale unabhängige Frau, die sich selbst wichtig nimmt, überrascht jeden Mann, sie stachelt ihn an, weil sie ihn verwirrt. Er denkt: „Bin ich für sie wichtig? Oder doch nicht? Wieso möchte sie nicht mit mir in die Ferien? Wieso möchte sie noch nicht mit mir zusammenziehen?“ Es bringt einen Mann aus dem Gleichgewicht. Ist er sich nie ganz sicher über ihre Gunst, muss er sich mehr bemühen. Für einen Mann ist es leichter, eine Frau zu begehren, die er nicht erreichen kann als eine, der er nicht entkommen kann, weil sie immer anwesend ist.

Der Mann muss sich zu einer Frau hingezogen fühlen und um sie werben. Anders funktioniert es nicht gut. Ein Mann, der lange um Sie geworben hat, nimmt Sie nicht als selbstverständlich hin, er schätzt Sie viel mehr. Er wird sich immer daran erinnern, wie Sie in sein Leben getreten sind und er sich um Sie bemühen musste. Und wenn Sie meine Tipps auch in einer Beziehung anwenden, wird er sich weiterhin von Ihnen angezogen fühlen und Sie verehren.

Machen Sie Ihr Heim nicht zum Open-house, sodass jeder immer vorbeikommen kann. Geben Sie Ihrem Partner keinen Schlüssel Ihrer Wohnung. Er soll nur kommen, wenn Sie zu Hause sind und Sie mit ihm eine Zeit abgemacht haben.

Meine Freundin Lena gab ihrem Freund schon im ersten Monat der Beziehung einen Schlüssel. Am Anfang kam er nur vorbei, wenn sie eine Zeit abgemacht hatten. Jetzt, nach einem Jahr Beziehung, kommt er manchmal spontan vorbei, manchmal ist sie noch nicht mal zu Hause und er sitzt dann schon auf der Couch und schaut etwas im Fernsehen. Lena ist deswegen genervt, aber weil sie ihm den Schlüssel schon gegeben hat, kann sie nicht mehr zurück und plötzlich den Schlüssel wieder zurück verlangen, sonst würde er es falsch verstehen und denken, sie wolle Schluss machen. Einmal war sie zu Hause und war in ihren ältesten Kleidern mit ungewaschenen Haaren am Putzen, da stand er plötzlich ohne Voranmeldung in der Wohnung. Er war zwei Stunden früher da als abgemacht. Sie fühlte sich total überrumpelt und unwohl, und es kam, wie es kommen musste: Es artete in einen Streit aus.

Sie bleiben geheimnisvoller, wenn er nicht sieht, wie Sie wohnen. Ich kenne zwei Frauen, die ihre Partner nie in die Wohnung gelassen haben, sie gingen immer zu ihnen nach Hause. Die Partnerschaften beider Freundinnen sind immer noch sehr frisch und lebendig, gerade aus dem Grund, weil sie beide nie alles über sich offenbart haben.

Ein Mann muss einer Frau immer etwas mehr hinterherjagen als sie ihm, dann funktioniert eine Beziehung bestens.

„Ich bin alleine glücklich und ein Mann ist nur eine Bereicherung."

Prägen Sie sich diesen Satz ein und leben Sie in einer Beziehung nach diesem Grundsatz. Bleiben Sie sich immer selbst treu und verrenken Sie sich nicht wegen ihm, falls Sie möchten, dass er auch noch nach Jahren verrückt nach Ihnen ist. Ein Mann muss uns etwas bieten, er muss sich bemühen, sonst lässt er sich gehen. So bleibt sein Respekt und wir sind für ihn reizvoller. Er braucht das Gefühl, er habe sich die Beziehung erkämpft. Der beste Trick ist, nie von sich aus von einer festen Beziehung sprechen. Solange er das Thema nicht anspricht, verhalten sie sich so, als ob Sie immer noch in der Phase des Kennenlernens sind. Er denkt sich dann, dass sie etwas Besonderes ist und sicher ein Haufen Verehrer hat, weil sie anders als alle anderen Frauen so locker und entspannt ist und sich nicht an ihn klammert.

Der Kampf „Frauen gegen Männer"

Viele verwechseln das Frausein mit Schwäche und möchten sich darum in der Männerwelt behaupten, was dazu führt, dass diese Frauen sehr männliche Züge annehmen. In der griechischen Mythologie waren die Göttinnen immer auch sehr stark, sie konnten die mächtigsten Männer mit weiblicher List und Verführung bekämpfen. Diese Kraft ist nicht vergleichbar mit der männlichen, körperlichen Kraft, diese Kraft kommt von innen. Es ist ihre Ausstrahlung, die gleichzeitig eine enorme Anziehungskraft hat. Jede Frau, die für einen Mann attraktiv ist, besitzt Feingefühl, Zärtlichkeit, Liebesfähigkeit und Sanftheit, aber genauso viel Wildheit und innere Kraft. Die weibliche Wildheit ist ebenso aufregend und attraktiv für einen Mann wie ihre feine Art. Die Mischung macht es! Eine Frau kann auch männliche Stärken in sich haben und diese zum Ausdruck bringen, ohne männlich zu wirken: Mut, Struktur, Selbstbewusstsein, Führungsqualitäten, Zielorientiertheit und analytisches Denken. Wir müssen den Männern nichts nachmachen, um zu beweisen, dass wir genauso stark sind, sondern einfach unsere feminine Art zulassen und bejahen. So kommt unsere weibliche Kraft und Stärke zur Geltung und wir sind keine Konkurrenz für die Männer. Wenn wir aber glauben, wir wären gleich wie die Männer und uns ständig durch unseren beruflichen Erfolg in ähnlichen Berufen beweisen müssen, dann sind wir eine Konkurrenz für den Mann und somit kämpfen Mann und Frau gegeneinander. In Berufen, die von Männern dominiert sind, muss eine Frau doppelt so gut sein nur, um dafür aber nur halb so sehr respektiert zu werden. Solche Frauen bekommen dann häufig selbst einen inneren Konflikt mit ihrer männlichen und der weiblichen Seite, weil sie ihre feminine Seite unterdrücken müssen.

Frauen, die auf ihre Weiblichkeit nicht stolz sein können und keine Ahnung davon haben, was für ein wundervolles, von einem Mann völlig unterschiedliches Wesen in ihnen steckt, werden beim Zusammentreffen mit einem Mann immer verunsichert sein. Sie werden mit Gefühlen wie Minderwertigkeit, Angst und Schuld konfrontiert sein. Das sind keine verführerischen Qualitäten. Solange eine Frau mit ihrer Weiblichkeit und ihrem Körper Krieg führt, kann sie sich bei einem Mann nicht hingeben und fallen lassen. Sie fühlt sich immer wieder zu wenig geliebt von ihm.

Wir müssen nicht beweisen, was wir drauf haben, wir wissen es. Wir sind im Inneren stärker als ein Mann! Frauen möchten einem Mann oft beweisen, dass sie das, was er kann, auch können. Frauen kämpfen so um Anerkennung und eine Machtposition. Dieses bringt aber den Partner dazu, nur umso stärker seine Position entgegenzusetzen. Plötzlich sehen sich die beiden nicht mehr als Verbündete, sondern als Konkurrenten; das zerstört das natürliche Rollenverhalten. Weil die Frau sich in ihrer Rolle nicht mehr geachtet und anerkannt fühlt, möchte sie ihm beweisen, wie stark sie ist. Der Mann fühlt sich dadurch abgewertet und geht härter gegen sie vor. So schwindet die eigene Anerkennung vor dem Frau-Sein und dem Mann-Sein. Anstatt sich gegenseitig zu ergänzen, behaupten sie sich gegeneinander. Eine innerlich sehr starke Frau spürt in ihrer Liebe zu sich selbst den eigenen Wert und lässt sich dagegen nicht in das Lebensmuster des anderen verstricken.

Seien Sie nicht immer verfügbar

Seien Sie vor allem nicht immer verfügbar, wenn er viel zu spät kommt oder sagt, er komme dann noch vorbei, nachdem er mit seinem Freund ein Bier getrunken hat, er wisse aber noch nicht, um welche Zeit.

Häufig sagen Männer: „Wir können heute Abend vielleicht noch etwas machen, ich melde mich." Dann wartet die brave Frau, wenn er ihr etwas bedeutet, den ganzen Abend auf sein Kommen oder seinen Anruf. Sie wirft ihre eigene Pläne um, sagt nicht zu, wenn eine Freundin mit ihr etwas unternehmen möchte, nein sie bleibt zu Hause in der Hoffnung, er könnte sich melden und sie könnten sich treffen. Sie wäscht ihre Haare, schminkt sich und wartet, wartet, wartet, schließlich möchte sie gut aussehen, wenn er noch kommt oder sie möchte gleich startbereit sein für ein Treffen mit ihm. Die Zeit vergeht, er meldet sich endlich um 21.00 Uhr, um so etwas zu sagen, wie: „Jetzt ist noch ein Freund gekommen … ich melde mich in zwei Stunden wieder" oder aber: „Ich fahre jetzt gleich los und bin in 15 Minuten bei dir." Egal, was er sagt, Sie haben *keine Verabredung mit ihm, Sie lassen sich nicht hinhalten!* Machen Sie etwas anderes und schalten Sie das Telefon aus. Es könnte sich ja inzwischen eine fixe Verabredung mit jemand anderem ergeben haben, und zwar ziemlich bald, denn Sie sind ja begehrt. (Vermutlich möchten Sie sich ja auch wirklich fix verabreden, aber jetzt doch lieber mit jemand anderem.) Mehr Auskunft braucht er nicht als zum Beispiel: „Schade … das tut mir jetzt leid, ich habe schon eine fixe Verabredung. Also, schönen Abend noch, ciao!" (Natürlich sagen Sie alles ganz lieb, freundlich und charmant, aber bestimmt und ohne vorwurfsvollen Ton.)

Tun Sie so, als seien Sie unglaublich begehrt und haben Sie keine Angst, abweisend zu wirken. Männer mögen Frauen, die eine eigene Meinung haben und es wird sie motivieren, mehr zu investieren, weil Sie für sie dann wertvoller sind. Der Mann wird Ihnen mehr Respekt entgegenbringen, weil Sie merken, was Ihnen gut tut. Er bekommt größere Sehnsucht nach Ihnen. Er freut sich umso mehr, wenn er Sie wieder sehen und in die Arme schließen kann. Seien Sie nicht wütend auf ihn, sondern froh ihn zu sehen und daher liebenswert und freundlich. Sagen Sie mit einem zuckersüßen Lächeln: „*Ach Schatz, es kam gestern nichts von dir und ich dachte, dass es sich mit unserem Treffen erledigt hat.*" Bleiben Sie immer unbefangen (arglos, leicht naiv wirkend) und behalten Sie Ihr Lächeln, so klappt es prima! Das ist die beste Variante, um einem Mann in die Schranken zu weisen und ihm wird bewusst, dass er sich mehr anstrengen muss.

Durch Anrufe oder SMS mit den Worten: „Wo bleibst du?! Wann kommst du endlich?!" erreichen Sie genau das Gegenteil. Er nimmt Sie nicht ernst! Wenn Sie ihn mit Vorwürfen überhäufen, denkt er sich: „Ja, ja, ich lass sie jetzt mal reden, entschuldige mich und sie wird sich dann schon wieder beruhigen." Aber das nächste Mal wird er das Gleiche machen, er wird Sie wieder hinhalten. Und je mehr eine Frau einem Mann Vorwürfe macht, desto weniger wird er sich bemühen, sich besser zu verhalten. Setzten Sie ihm ein Zeichen, zeigen Sie Ihre Grenzen, nur so werden Sie ernst genommen. Sagen Sie ihm, was ihnen nicht passt – in einem ruhigen, aber bestimmten Tonfall, eben nicht aggressiv. So haben Sie viel mehr Erfolg, um angehört zu werden. Sonst denkt er noch, Sie seien verrückt, doch Sie sind ja keine Drama-Queen!

Werden ihm Grenzen gesetzt, weiß er genau, was er falsch gemacht hat, und er wird sich das nächste Mal mehr bemühen. Wenn eine Frau ihn anschreit und herumzetert, entfernt er sich jedoch innerlich immer mehr von ihr, weil er sie nicht mehr ernst nehmen kann. Wenn sie aber gelassen auf sein Verhalten reagiert dann merkt er, aha, sie hat Klasse, mit ihr kann ich vernünftig und sachlich reden. Sie ist eine Frau zum Heiraten.

Wenn er etwas macht, was uns nicht gefällt, fängt er an, uns zu verlieren, zuerst durch den Verlust unserer Aufmerksamkeit und dann durch den Verlust unserer Präsenz. Vorausgesetzt, er ist verrückt nach uns, wird er alles tun, um unser Interesse wieder zu erwecken. In einer solchen Situation ist es am besten, nicht anzurufen. Einfach warten, bis Sie ihn das nächste Mal sehen und seine weitere Verhaltensweise beobachten! Das sind Dinge, die wir für uns selbst tun, nicht für andere Personen. Denn wenn wir uns selbst wichtig nehmen, lassen wir nur Personen an uns heran, die es gut mit uns meinen und uns in jeder Hinsicht unterstützen.

Er wird Sie besser und respektvoller behandeln, wenn Sie ihm Grenzen zeigen.

Ein Mann wird faul und bequem, wenn er es von Anfang an gewohnt ist, sich nicht um eine Frau zu bemühen, weil sie immer verfügbar ist. Er benimmt sich dann so, als wäre es das Normalste auf der Welt, dass seine Freundin sich für ihn aufopfert und er wird dann immer noch mehr verlangen und sogar wütend werden, wenn sie einmal nicht sofort springt. Es ist fast unmöglich, ihn dann später noch zu einem Mann umzupolen, der sich um sie und die Beziehung bemüht. Darum ist es wichtig, es ihm nie ganz so einfach zu machen. Er soll sich nie an etwas gewöhnen, sonst schwindet sein Interesse schnell. Es sollte eher sehr selten vorkommen, dass seine Freundin für ihn kocht, dann ist es etwas Außergewöhnliches. So hat er große Freude daran und zeigt ihr seine Dankbarkeit.

Warten lohnt sich

Vor dem Sex denken Männer unklar, nach dem Sex denken sie klar, aber die Frau kann nicht mehr klar denken.

Viele Frauen haben eine innerliche Bindung zu dem Mann, mit dem sie Sex haben. Und wenn eine Frau emotional gebunden ist, kann sie manchmal nicht mehr klar sehen und sie denkt, sie ist so verliebt und alles ist rosarot, ihr Freund ist perfekt und sie gewöhnt sich an diesen Menschen und wird ihn heiraten, obwohl er nicht für sie geeignet ist. Das ist gefährlich. Diese Sorte Frau verhält sich so, als hätte sie das Gehirn vorübergehend ausgeschaltet. Eine solche Frau ist blind aufgrund ihrer falschen Vorstellung von Liebe und erkennt nicht, dass er nicht der richtige Partner für sie ist, dass er manchmal gemeine Sachen sagt, dass er nicht voll und ganz zu ihr steht, dass er nicht dieselben Zukunftsvorstellungen hat wie sie – das alles erkennt sie nicht, weil sie selber gar nicht weiß, was sie eigentlich möchte und was ihr zusteht.

Sie müssen im Einklang mit sich selbst und Ihrer eigenen Meinung sein. Ach ja, wie lang sollten Sie mit dem Sex überhaupt warten? So lang wie möglich. Bei regelmäßigen Treffen im ersten Monat sollte mehr als ein Kuss nicht drin sein. Aber schlussendlich müssen Sie selbst herausfinden, wann es für Sie stimmt. Um es im Nachhinein nicht zu bereuen, warten Sie aber am besten etwas ab, um zu sehen, ob er sich wirklich bemüht.

Wir finden heraus, wie er zu uns steht, indem wir Geduld haben, warten und beobachten. Machen Sie es nicht zu einfach für ihn. So schützen Sie sich selbst, weil er auch das tut, was für ihn stimmt, ohne sich Gedanken zu machen, was Sie wollen. Selbst die liebsten Menschen verfolgen ihre Ziele, die in ihrem eigenen besten Interesse sind, es ist biologisch bedingt und niemand kann etwas dafür. Es ist ein Teil von dem, was zu uns gehört. Der Mann sollte Sie erst besser kennenlernen, er muss Sie mehrmals sehen und Sie als Person zu schätzen wissen. Erst dann sollten Sie zu Sex mit ihm bereit sein. Wir Traumfrauen bieten niemals alle unsere Bonbons auf einmal an, wir geben immer nur ein bisschen von uns. Das heißt, wir geben einem Mann immer nur ein Bonbon auf einmal, manchmal auch nur ein halbes, je nachdem, wie er zu uns ist. Wir locken den Mann mit unserer femininen, verführerischen Art. Weil wir so wenig von uns geben, ist es für einen Mann umso besonderer, wenn er uns erobern kann.

Muss ein Mann erst einmal warten, bis er mit einer Frau Sex haben kann, gewinnt sie für ihn an Schönheit, Würde und Wert.

Wenn eine Frau am ersten Abend mit einem Mann Sex hat und sie sich dann wieder treffen, werden die weiteren Dates mit ihm so verlaufen, dass er nicht viel investiert, er hat ja sein Ziel schon erreicht. Und weil er dann doch weiterhin mit ihr Sex haben kann, warum sollte er noch um sie kämpfen? Weil eine Frau dann schon viel gegeben hat, wünscht sie sich, er möge sich doch mehr für ihre Person interessieren. Und plötzlich merkt sie im Nachhinein, dass es doch zu früh war. Sie fühlt sich unwohl und denkt: „Ab jetzt mach ich mich mal rar“, doch ist es dann nicht mehr das Gleiche, sie kann nicht mehr zurück. Wenn sie aber am Anfang wartet, steigt die Spannung und er möchte ihre Nähe umso mehr. Das Unerreichbare wirkt immer verlockender, und wenn ein Mann etwas nicht gleich kriegen kann, möchte er es meistens erst recht. Sagen Sie nicht so etwas wie: „Ich möchte dich noch nicht in meine Wohnung lassen, weil ich noch keinen Sex möchte.“ Gar nicht erklären, wieso. Sie sagen einfach: „Ich bin müde und möchte schlafen gehen.“ Sie brauchen keine Ausreden oder langatmige, detaillierte Diskussion über das „Warum“ zu führen. Wenn Sie es mit Ihrem süßesten Lächeln und auf eine ruhige, anmutige Art sagen können, wird er nicht widerstehen können und alles von Ihnen haben wollen. Er wird es somit schon irgendwie verstehen. Wenn er Sie liebt und sehr schätzt, wird er Ihre Entscheidung respektieren und warten, bis Sie sich wohl fühlen. Wie ist sein Charakter? Wir benehmen uns wie eine Dame, doch wollen wir wissen: Ist er ein Gentleman?

Falls er fragt, ob Sie noch auf einen Kaffee zu ihm kommen möchten aber Sie noch nicht dazu bereit sind, können Sie ohne nähere Erläuterung „*Gute-Nacht*“ sagen, natürlich nett und charmant, ohne zu abweisend auf ihn zu wirken. So bleibt die Situation positiv, aber Sie setzten gleichzeitig auch Grenzen. Keine weitere Diskussion, wir müssen uns nicht erklären! Und falls er drängt, dann verabschieden Sie sich und gehen nach Hause. Jetzt können Sie testen, ob er an Ihnen interessiert ist, denn dann wird er sich wieder melden.

Ich verstehe, wie gerne Sie ab und an auch Ihrer Sehnsucht nachgeben würden und nicht mehr warten wollen, bis ER aktiv wird. Aber was haben Sie dann am Ende? Vielleicht eine kleine Weile Spaß und eine ganze Weile Kummer … nur, weil Sie es a) nicht abwarten und ihm die Eroberung überlassen konnten oder b) Ihre kostbare Zeit mit einem (nicht in Frage kommenden

Mann) vergeuden. Aus diesem Grund ist es am effektivsten, etwas zu warten und den Mann erst kennenzulernen, um sicherzustellen, dass er wirklich interessiert an Ihnen ist.

Sie sollten sich etwas Zeit lassen und nichts überstürzen, um sich langsam ineinander zu verlieben, ohne Forderungen zu stellen. Dieses stoppt seine Angst, dass zu viel von ihm erwartet wird, weil Sie gelassener reagieren. Das unterscheidet Sie von den anderen Frauen. Die meiste Zeit, wenn ein Mann eine Frau liebt und sie auch verliebt ist, haben beide den Wunsch, alles gemeinsam zu tun. Mit der Zeit vermischt sich seine Verliebtheit aber mit einem unguten Gefühl: Gewohnheit, und immer mehr Angst, es würde von ihm zu viel gefordert. Es schnürt ihm die Luft ab und er nimmt Abstand! Durch das langsame Kennenlernen und indem Sie ihm Raum geben fühlt er sich nicht eingeengt und er entwickelt immer mehr Gefühle und Verlangen nach dieser Frau.

Für alle, denen „schwindlig vor Sehnsucht wird, wenn sie nicht jeden Moment zusammen sein können": ***Später können Sie den Rest Ihres Lebens mit diesem Mann verbringen.*** Also ist Abwarten immer noch besser als mit der Lust zu gehen und es zu überstürzen, bis in ein paar Monaten wieder alles verblasst und Sie ihn dadurch vielleicht verlieren, bevor die Liebe tiefer wird. Zu Beginn sind wir verliebt, aber die echten Gefühle füreinander werden sich im Laufe der Zeit entwickeln.

Ich weiß, wie hart es sein kann, wenn Sie sich von jemandem sehr angezogen fühlen und nicht länger warten möchten, aber es wäre schade, wenn Sie alles auf eine Karte setzen würden. Denken Sie an später, die Möglichkeit ist einfach größer, dass er sich in Sie verliebt, wenn er nicht zu früh alles von Ihnen kriegen kann. Leidenschaftliches Küssen ohne Finale ist der bessere Weg, ihn noch etwas bei der Stange zu halten. Jede Wette, dass er Sie so schnell wie möglich wieder treffen möchte.

Mein Rat ist: Am besten sich nicht in Situationen bringen, in denen Sie versucht sein könnten, wenn Sie es noch beim Küssen belassen wollen. Besser, Sie treffen sich irgendwo öffentlich. Das ist der Trick. Treffen Sie sich nicht in Ihrer oder seiner Wohnung, höchstens für eine kurze Zeit von etwa zehn Minuten. Dann bleiben Sie mit ihm im Gang stehen. Kein Entfernen irgendwelcher Kleidung. Er darf auf keinen Fall Ihr Schlafzimmer sehen, sonst legt er sich gleich auf das Bett. Sogar das Wohnzimmer ist zu viel, dann sitzt er gleich auf dem Sofa und steht nicht mehr auf, bis Sie sich zu ihm hinsetzten. Spielen Sie nicht mit ihm, indem Sie sich mit ihm auf der Couch herumwälzen, ihn heiß machen und dann im letzten Moment plötzlich einen Rückzieher machen, weil Sie noch keinen Sex wollen. Es wird ihn verärgern und er könnte denken, dass Sie nicht die geeignete Partnerin für eine Liebesbeziehung sind. Männer mögen solche Spielchen nicht.

Lassen Sie ihn nur in die Wohnung, wenn Sie gerade aufbrechen möchten, aber nicht am Abend am Ende des Rendezvous. Verabschieden Sie sich vor Ihrer Haustür. Falls er Ihr Badezimmer benutzen möchte, lassen Sie ihn, aber lassen Sie Ihren Mantel an und warten im Flur auf ihn.

Wahrscheinlich denken jetzt viele Frauen, sie werden ihn verlieren, wenn sie ihn zu lange bei der Stange halten und sie wollen nicht riskieren, ihn zu verlieren. Doch tun wir das wirklich?

Wir riskieren nichts, außer, dass wir die Männer aussortieren, die nicht zu uns passen oder uns sogar auf irgendeine Weise benutzen möchten. Wir wählen aus, bis wir den Mann unserer Träume finden, der uns das gibt, was wir uns wünschen, ohne uns selbst zu verlieren.

Wenn Sex für uns Frauen zu früh ist, halten wir uns zurück, weil wir noch nicht bereit dazu sind. Wir haben dann Sex, wenn es für uns stimmt und nicht, um einen Mann überzeugen zu wollen in der Hoffnung, er könne sich noch verlieben. Männer sind schwach, wenn es um Sex geht, die meisten von ihnen fühlen sich dann so, als ob sie uns erobert haben. Wenn Sie ihnen diesen Sieg aber zu früh geben, macht es Sie verwundbar. Darum, liebe Frauen, behalten Sie Ihre hohe Selbstachtung und nutzen Sie das Wissen, wie man seine weiblichen Reize sinnvoll zum **eigenen Vorteil** einsetzten kann. Das gibt ihm keine Macht und Sie stehen über der Sache, ohne eine Leere zu spüren, wenn dann doch nichts daraus wird.

Im Extremfall gibt es Männer, die Sie unter Druck setzen wollen mit Dingen wie: „Du bist aber verklemmt." Das sind gemeine Worte, die jemand mit Charakterstärke nie sagen würde. Lassen Sie sich nicht beeinflussen, Sex mit Liebe ist nicht verhandelbar, wenn es für Sie noch zu früh ist. Wenn er Sie unter Druck setzen möchte oder er sich beschwert, dann ist der Fall klar: Er ist ungeduldig, weil er einfach Sex mit Ihnen möchte. Er wird dann schnell die Geduld verlieren und weiterziehen. Ende der Geschichte.

Ein Mann, der viele Pornos schaut, hat möglicherweise eine völlig unrealistische Vorstellung von Sex. Mal abgesehen von dem ewigen unnatürlichen Herumstöhnen kann es sein, dass er von Ihnen Dinge verlangt, die Ihnen keinen Spaß bereiten. Lassen Sie sich nie unter Druck setzen, auch nicht wenn er sagt: „Die Frauen, die ich vorher hatte, haben das aber immer toll gefunden und konnten nie genug davon kriegen." Schlafen Sie nicht mit ihm, sie wollen nicht das Gleiche wie er. Wahrscheinlich spielt sich vieles nur in seiner Phantasie ab. Männer übertreiben maßlos, wenn es um Sex geht. Sie müssen aber nicht mit Phantasiefiguren konkurrieren in der Angst, die anderen seien besser gewesen als Sie und Sie müssten das jetzt übertreffen, indem Sie seine Animateurin spielen, weil das ihm Lust bereitet. Es muss in erster Linie für Sie stimmen und Ihre Lust befriedigen, sonst bleiben Sie auf der Strecke.

Falls Sie trotz all Ihrer guten Vorsätze doch einen One-Night-Stand hatten, machen Sie sich bitte nie Hoffnungen, es könnte eine ernsthafte Partnerschaft daraus werden. Er wird sich nur melden, wenn er Lust auf weiteren Sex hat. Und vor allem denkt er dann: „Wenn sie mit mir so schnell ins Bett geht, mit wie vielen dann schon vor mir?" Glauben Sie mir, Männer denken so.

Falls sich doch eine Beziehung daraus ergibt, was höchstens selten geschieht, wird immer in der Luft liegen, wie es anfing. Sie kriegen von ihm nicht die gleiche Achtung, als wenn er um Sie kämpfen musste.

Die Anfangsphase der Verliebtheit wird beiden in Erinnerung bleiben, weil es so prickelnd und schön war und sich beide langsam näherkommen konnten. Es sind so schöne, zarte Erinnerungen, auf die man lebenslang immer wieder zurückgreifen kann, weil es so aufregend war. So etwas bleibt auch einem Mann in Erinnerung. Er vergisst die Art und das Aussehen von einer Frau nie, die ihm den Kopf verdreht hat. Ganz anders verhält es sich bei One-Night-Stands: Bei schnellen Sexgeschichten kann er sich gar nicht mehr so richtig daran erinnern und an den Namen der Dame schon gar nicht, falls er überhaupt nach ihm gefragt hatte.

Ein Interview mit Reto:
„Als ich 18 Jahre alt war, ging ich eine Zeit lang jeden Samstag zum Tanzen in einen Club. Damals forderte man die Frauen noch zum Tanzen auf. Jedes Mal war ein Mädchen dort, das mir gefiel. Es vergingen Wochen, bis ich den Mut fand sie anzusprechen und aufzufordern. Beim ersten Mal haben wir nicht viel miteinander geredet, weil wir beide so nervös waren. Sie hieß Sonja. Von da an haben wir jedes Mal zusammen getanzt, ohne viel miteinander zu reden. Ich habe mich nicht getraut, sie nach einem Treffen zu fragen. Es war so schön, ihre Nähe zu spüren; ihr Wesen, ihr Lachen und die ganze Situation bleibt mir heute nach 30 Jahren immer noch in Erinnerung und ich bekomme Gänsehaut, wenn ich daran denke. Wir haben nichts weiter gemacht als miteinander getanzt und uns einmal geküsst. Wie sich dieser Kuss anfühlte, habe ich immer noch in meinem Gedächtnis. Es war aber nicht mein erster Kuss, nein nein, ich hatte vor ihr auch schon andere Mädchen geküsst. Irgendwann ist sie dann nicht mehr dort aufgetaucht und wir haben uns nie mehr gesehen. Was bleibt, ist diese wunderbare Erinnerung an Sonja."
„Wie ist es mit Frauen, mit denen du schon am ersten Abend Sex hattest? Bleiben da auch solche Erinnerungen?"
Reto: „Nein, von vielen weiß ich den Namen gar nicht mehr, weil es ja unbedeutend war. Natürlich kann ich mich an Situationen erinnern, aber die Frauen selber sind mir nicht so in Erinnerung geblieben."

Danach

Seien Sie nach dem ersten Sex dieselbe wie zuvor. Verhalten Sie sich so, als ob Sie absolut nichts von ihm erwarten. Also nicht anhänglich sein! Geben Sie ihm nicht mehr Aufmerksamkeit als vorher, zeigen Sie sich nicht verwundbar oder verletzlich, wenn er aufbrechen möchte. Männer sind es gewohnt, dass eine Frau, mit der er das erste Mal Sex hatte, anhänglich und erwartungsvoll ihm gegenüber wird. Seien Sie anders, tun Sie so, als verlangten Sie nichts! Wenn eine Frau offensichtlich von einem Mann erwartet, dass er nach dem Sex ihr fester Freund ist und er sich auch so verhalten soll, fühlt er sich in der Falle. Wenn Sie sich nach dem ersten Sex an ihn klammern, wird er sich zurückziehen und Sie auf Distanz halten. Am besten gehen Sie stattdessen gleich nach dem Sex Ihren gewohnten Aktivitäten nach, bleiben Sie nicht stundenlang mit ihm im Bett liegen. Wecken Sie ihn am nächsten Morgen und schicken Sie ihn nach Hause. „Du musst aufstehen! Ich muss ein paar Sachen erledigen." Und dann soll er Ihre Wohnung verlassen, ohne von Ihnen ein Frühstück serviert zu bekommen. Reden Sie nicht über Ihre Gefühle. Beschäftigen Sie sich mit Ihrem eigenen Leben. Warten Sie, bis er sich zuerst bei Ihnen meldet, und seien Sie nicht immer verfügbar, wenn er sich mit Ihnen kurzfristig verabreden will. Machen Sie nicht nur bei sich oder bei ihm zu Hause etwas aus, er soll mit Ihnen auch weiterhin andere Aktivitäten unternehmen, die Liebesbeziehung sollte sich nicht nur im Bett abspielen. **Er** muss mehr Nähe fordern und nicht Sie! Er merkt so, dass er sich immer noch zu bemühen hat, um Ihre Aufmerksamkeit zu bekommen. Für ihn ist es aufregender, eine starke Frau zu erobern als eine unsichere und ängstliche.

Was verträgt ein Mann?

Zeigen Sie sich zu liebeshungrig, verträgt der Mann das sicher nicht! Aber die meisten Frauen verhalten sich leider so.

Wir Frauen sehnen uns danach, geliebt zu werden. Wir sehnen uns nach Wärme, Geborgenheit, Bestätigung, Schutz und leidenschaftlichem Sex. All das soll uns die Liebesbeziehung bringen. Ausgerechnet dort, wo wir am meisten Liebe erwarten, also in einer Beziehung, verletzten wir uns aber gegenseitig, weil beide Parteien voller Neurosen eine Partnerschaft eingehen. Wir erwarten vom Partner, dass er uns unendlich liebt, obwohl wir uns selber nicht lieben. Wie soll das gehen? Wir müssen uns selbst lieben und annehmen, darum ist es wichtig, auch eine Zeit lang alleine für uns zu bleiben ohne sich wie eine Süchtige zu verhalten, die nach Liebe dürstet und denkt, sie kann sie nur durch eine andere Person bekommen. Wir finden aber erst einen Partner, der uns wertschätzt und liebt, wenn uns selber bewusst ist, wie wertvoll und liebenswert wir sind. Sonst stürzen wir uns wie liebenshungrige Wesen voller Erwartungen aufeinander, die wir selbst nicht erfüllen können, und gehen eine Beziehung ein, die voller Enttäuschungen und Verletzungen ist.

Liebe hat nichts mit Abhängigkeit zu tun. Aber die meisten Menschen in einer Beziehung verhalten sich wie Abhängige, sie „brauchen" einander und engen sich gegenseitig total ein. Wir möchten immer alles festhalten, weil wir voller Angst sind, es zu verlieren. Wir stecken Vögel in Käfige und halten Hunde an der Leine aus lauter Angst, sie könnten uns abhauen und nie mehr zurückkommen. Genauso verhalten wir uns mit unserem Partner, durch unsere Kontrolle legen wir ihm Ketten an, so bleibt er bei uns. Und wehe, er versucht zu fliehen. Wir möchten unsere Unzufriedenheit mit uns selbst und im Beruf durch die Liebe eines Mannes kompensieren. Er soll für den zufriedenen Ausgleich in unserem Leben sorgen, das sind oft unsere Erwartungen an eine glückliche Beziehung. Das sind aber falsche Erwartungen.

Es ist ein Irrtum zu denken, der Partner könne uns vor allem Übel erlösen. Viele glauben, alles, was ihnen noch zum Glück fehlt, möge ihnen doch bitteschön der Partner bieten. Wir möchten von ihm die volle Aufmerksamkeit: „Bitte verschmelze mit mir. Sei immer da, wenn ich dich brauche. Bitte sage mir jeden Tag, dass du mich liebst, so bekomme ich Hoffnung. Und bitte sage es mir noch öfter, damit ich es wirklich glaube." Das klingt nach Sehnsucht und nach Bestätigung. Die innere Leere muss gestillt werden. Das kann aber nicht mal Superman. Kein

Mann auf dieser Welt ist in der Lage, unsere innere Leere zu stillen. Es gibt keine Verschmelzung in einer Beziehung. Diese Forderungen sind viel zu hoch, mit dieser Einstellung können wir nur enttäuscht werden.

Wenn wir uns aber selbst lieben und ein großes Selbstvertrauen haben, so sind wir überzeugt, dass der Partner bei uns bleibt, weil wir einzigartig und wertvoll sind. Und wenn er trotzdem gehen möchte, geben wir ihm unseren Segen und lassen ihn gehen, weil wir nicht nach Liebe hungern, sondern uns diese Liebe selbst geben können. Wir engen uns nicht gegenseitig ein, wir sind frei entscheidende Wesen. Wenn wir jemanden einengen, so beschränken wir auch immer uns selbst und so besteht immer eine gewisse Schwere mit vollen Erwartungen in dieser Beziehung. Liebe soll aber leicht bleiben und nicht voller Leid, Missverständnisse und Schmerz.

Wir geben Frische, Lebendigkeit, sinnliche Liebes- und Hingabebereitschaft.

In einem Interview habe ich mit Tom gesprochen, der eine wunderschöne Freundin gehabt hatte. Er teilte mir mit, dass er die Partnerschaft beendet hatte. Ich war überrascht! Als ich ihn zum ersten Mal sah, sagte er noch: „Das ist die Frau meiner Träume, sie werde ich heiraten!" Um herauszufinden, was geschehen war, stellte ich ihm ein paar Fragen. Sie rief ihn häufig an, er musste fast nie anrufen. Sie kaufte ihm teure Geschenke wie eine Rolex-Uhr oder einen Mont-Blanc-Kugelschreiber. Sie war immer verfügbar, wenn er anrief, und sagte häufig: „Schatz, ich vermisse dich! Ich liebe dich so sehr, du bist das Wichtigste in meinem Leben!" Als ich ihn nach dem wahren Grund fragte, warum er die Beziehung beendet hatte, war alles, was er sagen konnte: „Ich weiß es nicht! Sie war perfekt, traumhaft schön, eine tolle Persönlichkeit." Also was war geschehen? Der wahre Grund ist, sie war überhaupt keine Herausforderung für ihn. Sie war immer da, legte sich für ihn zu sehr ins Zeug. Aber es ist die Aufgabe des Mannes, sich für eine Frau ins Zeug zu legen, wenn eine Beziehung gut funktionieren und er sie begehren soll. Diese Frau sprang für ihn durch brennende

Reifen, sie gab sich komplett auf, hängte sich zu sehr an ihn, er war das Wichtigste in ihrem Leben. Das ist nicht attraktiv für einen Mann; im Gegenteil, es stößt ihn ab und somit verliert er den Respekt vor ihr.

Jeder Mensch, egal, wie alt oder jung er ist, möchte geliebt werden. Wenn eine Frau danach strebt, geliebt zu werden, legt sie ihr eigenes Befinden in die Hände von ihrem Freund in der Hoffnung, von ihm geliebt, respektiert und angenommen zu werden. Ihre Laune hängt von der Beziehung ab. Läuft es gut in der Partnerschaft, ist ihre Stimmung gut, läuft es schlecht, weint sie sich die Augen aus. Eine Frau, die sich selbst etwas wert ist, lässt sich dagegen nicht unterkriegen. Denn ein Partner kann einer Frau nie alles geben, was sie braucht. Gerade weil sie sich so für ihn verbiegt, wird sie von ihm immer zu wenig Anerkennung bekommen. Warum? Weil sie sich selbst auch nicht anerkennt und liebt, sonst würde sie sich nicht so sehr auf ihn fixieren. Es ist ihre eigene Unsicherheit, sie möchte ihn überzeugen, wie toll sie doch ist, indem sie ihm nacheifert. Eine Frau, die von allen Seiten geliebt wird, bleibt jedoch immer sie selbst, weil sie sich annimmt und liebt, so wie sie ist. Sie hat es nicht nötig, sich zu verbiegen, und gleichzeitig strahlt sie diese Liebe auch aus, weil sie keine Angst hat, enttäuscht zu werden. Sie ist überzeugt, dass sie geliebt wird und dass es die anderen Menschen gut mit ihr meinen. Und sie wird nicht enttäuscht oder schlecht behandelt, weil sie auch nur Beziehungen mit Menschen eingeht, die sie auch liebt, andere lässt sie gar nicht an sich heran.

Eine Frau, die ihre einzigartige Schönheit und ihren Wert erkennt und zu schätzen weiß, strahlt dies aus und zieht solche Männer an, die sie achten, ehren und lieben. Ja, sie wird sich vor Verehrern kaum retten können, und sie wird unersetzlich für ihren Partner. Je besser wir uns selbst kennen, desto besser werden wir auch andere verstehen können und merken schneller, was uns glücklich macht. Wenn wir mit uns selbst zufrieden sind, hat das immer auch Auswirkungen auf unseren Umgang mit anderen Menschen. Diese fühlen sich dann durch unsere zufriedene Ausstrahlung angezogen.

Halten Sie Ihre Eifersucht zurück, reagieren Sie stattdessen gelassen.

Eine wunderschöne Frau betritt den Raum, er dreht sich nach ihr um. Sie sind voller Angst: „Ohgottohgottohgott, ich könnte ihn verlieren! Ich bin nicht schön genug, ich genüge ihm nicht." Und diese Angst sorgt dafür, dass Sie nicht auf seine Grenzen achten. So suchen wir Frauen immer den Mangel bei uns selbst, statt sein Fehlverhalten nicht zu tolerieren. Er merkt, sofort wenn wir unsicher werden und damit öffnen wir Tür und Tor für respektloses Verhalten. Denn eine selbstbewusste Lady denkt sich: „Huch, so was, das gefällt mir nicht. Ich sollte mir gut überlegen, ob ich ihn weiterhin treffen will. Ist ER überhaupt gut genug für mich?" Sie behandelt ihn *nicht*, als wäre *er* der Hauptpreis. Sie ist *sein* Hauptgewinn!

Angst ist eine schlechte Basis, um respektvoll und mit voller Bewunderung behandelt zu werden.

Sie denken: „Die sieht besser aus als ich, sie hat ein besseres Leben als ich." Dieses Vergleichen und diese Missgunst führen aber zu gar nichts, jeder muss bei sich bleiben und seine eigenen Stärken erkennen. Stellen Sie sich nie in den Schatten anderer Leute.

Reden Sie sich ein: „Ich bin hübsch, wunderschön und eine Traumfrau …"

Und bitte keine Szene machen! Im Gegenteil: Ruhe bewahren, gelassen sein, denken: „Die kann mir das Wasser nicht reichen." Einfach selbstsicher lächeln und beobachten, was von selbst kommt.

Eifersucht ist etwas, das einen innerlich zerreißen kann. Der Fokus ist auf etwas gerichtet, das Sie selber gerne haben möchten, aber wenn Sie sich auf etwas konzentrieren, das Sie nicht haben, dann machen Sie sich kleiner, weil Ihnen Ihrer Mangel immer wieder vor Augen geführt wird. Statt sich mit Ihrem Mangel zu beschäftigen, konzentrieren Sie sich besser auf Dinge, die gut an Ihnen sind. Eifersucht ist in jeder Hinsicht hinderlich. Sie wenden Ihre Aufmerksamkeit dann zu sehr ihm und seinen Aktivitäten zu. Vielleicht verlagern Sie Ihre Aufmerksamkeit stattdessen erst mal auf sich selbst und wie Sie ein unabhängiges Leben führen können, vor allem auch unabhängig von einem Mann. Damit schmelzen Eifersucht und Verlustängste geradezu hinweg und die Beziehung wird gestärkt. Denn wenn Ihr Leben ohne den Partner auch super wäre, klammern Sie sich nicht an ihn und Sie machen sich keine Sorgen, er könnte Sie verlassen. Anders gesagt: Ein Mann sollte nur die Cocktail-Kirsche auf dem Lebens-Cocktail einer Frau sein, und nicht das Glas mit dem gesamten Inhalt.

Wir Frauen machen uns selbst schlechter, indem wir denken, eine andere Frau sieht besser aus. So strahlen wir leider diese Unsicherheit aus. Der Partner merkt das. Eine Freundin von mir sagte immer wieder vor ihrem Freund, sie sei dick und alles sei schwabbelig an ihr. Sie erwähnte es so häufig, bis er selbst davon überzeugt war und sie nicht mehr so attraktiv fand. Nach einer Weile beendete er die Beziehung, weil er fand, sie hätte sich verändert. Er hatte sie als selbstbewusste, fröhliche Frau kennengelernt, aber in der Beziehung war sie zu unsicher und wirkte bedürftig, was ihn in die Flucht trieb.

Falls Sie nicht sicher sind, wie es um ihre Gefühle steht und was mit Ihnen los ist, wenn Sie sich unwohl fühlen, so fragen Sie sich selbst: „Wie fühle ich mich? Wieso reagiere ich auf gewisse Situationen so? Wieso bin ich eifersüchtig auf diese Frau?“ Sie können im Laufe des Tages öfters innehalten und sich diese Fragen stellen; auf diese Weise werden Ihre Gefühle bewusster empfunden, und plötzlich haben Sie alles klar vor Augen.

Aus vollem Herzen zu leben bedeutet, sich selbst etwas wert zu sein und sich mit einer positiven Haltung auf das Leben einzulassen. **Ja, ich bin unvollkommen, aber das ändert rein gar nichts daran, dass ich es wert bin, geliebt zu werden.**

Die verzweifelte Frau

Die verzweifelte Frau sagt:
„Ich muss es ihm recht machen. Ich will die perfekte Frau sein, dann bleibt er bei mir. Ich muss mich richtig anstrengen!“

Die starke, begehrenswerte Frau sagt:
„Ich bin so, wie ich bin. Ich mache es immer so, wie es für mich stimmt!"

Eine verzweifelte Frau richtet sich völlig nach dem Partner, er bestimmt ihr Leben. Sie ist immer jederzeit erreichbar für ihn, ruft ihn häufig an, sie hängt sich an den Mann und fügt sich ihm. Sie nimmt beim ersten Klingeln das Telefon ab, wenn er anruft, weil sie nur auf seinen Anruf gewartet hat. Sie sagt alle Pläne ab, nur um ihn zu sehen und sagt ständig, wie sehr sie ihn doch liebt. Sie gibt ihm das Gefühl, er sei das Wichtigste in ihrem Leben. Alles, was er macht, findet sie in Ordnung, auch wenn er mit anderen Frauen flirtet. Oder sie wird dann wütend und sehr eifersüchtig. Eine Traumfrau steht aber über solchen Dingen, sie ist das Beste, was er haben kann. Wenn er sich anderen Frauen zu sehr widmet, dann redet sie auch mit anderen Männern oder sie verschwindet einfach für eine Weile, so dass **er** sich Sorgen machen muss, wo sie steckt. Oder sie verlässt ihn, wenn es ihr zu viel wird, weil sie so ein Verhalten nicht toleriert. Eine verzweifelte Frau hinterfragt sich dagegen selbst, ob sie hübsch genug für ihn ist und fängt an, sich noch mehr für ihn zu stylen und kleistert sich total mit Make-up zu, als wäre sie bei einer Maskenbildnerin gewesen.

Was auch wichtig ist: Entlocken Sie ihm nie ein Kompliment! Viele Frauen machen leider zu oft den Fehler, dass sie ihren Freund fragen: „Kann ich dieses Kleid anziehen, sehe ich gut darin aus? Macht es mich auch nicht zu dick?" Oder noch schlimmer: „Nimmst du mich so mit?" Mit solchen Fragen wirken Sie sehr unsicher und hilflos. Was wird denn das für ein Kompliment, wenn Sie ihn selber dazu auffordern müssen?! Wenn Sie immer wieder solche unsicheren Fragen stellen, wird er Sie eines Tages auch als unsicheres und hilfloses Geschöpf wahrnehmen, schließlich haben Sie ihn ja dauernd darauf aufmerksam gemacht. Und bei solchen Fragen können Sie auch keine ehrliche Antwort von ihm erwarten. Er wird dem Frieden zuliebe und um eine lange Diskussion zu umgehen immer sagen: „Das sieht gut aus, Schatz." Und außerdem ist ein Kompliment nach einer Aufforderung so wie ein „Ich liebe dich", nachdem man gefragt hat: „Liebst du mich?" Darüber kann man sich auch nicht so sehr freuen und Sie wissen dann nie, ob er es auch ohne Ihre Aufforderung sagen würde. Bitte aber keine Bescheidenheit, wenn er von sich aus ein Kompliment macht, Sie dürfen sich freuen. Ein Kompliment zu schmälern aus lauter Angst, Sie könnten zu arrogant erscheinen, ist hier fehl am Platz, sonst lenken Sie den Blick des anderen auf Ihre Schwächen. Er soll Sie schließlich in einem positiven Licht sehen.

Sagen Sie nicht immer wieder, wie sehr Sie ihn lieben. Seien Sie eine selbstbewusste, unabhängige Frau und er mag Sie immer mehr. So einfach ist das. So bleiben Sie für ihn wertvoll. Laufen wir einem Mann hinterher, schrillen in seinem Kopf jedoch die Alarmglocken, er findet uns zu anhänglich und zu aufdringlich oder sogar lästig. Hatte er vorher noch Gefühle, werden diese abkühlen, weil er keine Herausforderung mehr hat und die Beziehung in eine Routine verfallen ist.

Eine abhängige, nette Frau lässt alles stehen und liegen, sobald er sich meldet, und fährt kilometerweit, um ihn zu sehen. Hat er kein Auto, fährt sie ihn ständig herum. Sie holt ihn ab und sie fährt ihn wieder nach Hause, als wäre er ein kleiner Junge. Eine starke Frau kümmert sich nicht darum, wie er wieder nach Hause kommt, schließlich ist er ein erwachsener Mann und es gibt Taxis. Die bedürftige Frau umsorgt ihn, als wäre sie seine Mama. Sie richtet ihr ganzes Leben nach ihm aus. Dies lädt geradezu zu schlechtem Benehmen ein!

Eine Frau, die ihm hinterherrennt und ihn darum bittet, sie zu beachten, ist für ihn ein verzweifeltes Mädchen, das nach Liebe schreit. Sie wird für ihn zum Fußabtreter, und so etwas ist für beide enttäuschend!

Michelle:

Ich fuhr mit einer Freundin für drei Tage nach Nizza. Ihr Freund wollte noch nachkommen, darum hing sie jede Stunde am Telefon, um abzuklären, wie lange er noch brauchen würde. Er ließ es einmal läuten, um Geld zu sparen, sie rief dann sofort zurück und das Ganze ging auf ihre Rechnung. Am Abend gingen wir essen. Im Restaurant bestellte sie für ihren Freund das Essen im Voraus, obwohl Sie nicht genau wusste, wann er da sein würde. Wir waren mitten im Gespräch, es klingelte wieder einmal, sie unterbrach mich und rief ihn zurück. „Ach, du bist da!!! Wo bist du? Bleib, wo du bist, ich komme dir entgegen!" Und schon spurtete sie los und ließ das Essen und mich stehen. Sie rannte mit dem Handy am Ohr wie eine Furie durch die Gegend, bis Sie ihn fand.

Was kann sie anders machen?

- Freund zu Hause lassen und das Telefon nicht abnehmen.
- Nie zurückrufen, nur weil es für ihn zu teuer ist.
- Die Freundin nicht einfach stehenlassen und mehr Rücksicht auf sie nehmen.
- Es ist unhöflich, immer wieder zu telefonieren, wenn man mit Freunden zusammen ist.
- Die Zeit ohne Freund genießen und ihn mal für eine Weile vergessen.
- Dort bleiben, wo sie ist. Er soll sie suchen und finden. Solche kleinen Herausforderungen findet ein Mann richtig aufregend. Konnte er sie ohne große Mithilfe bewältigen, kommt er voller Stolz und Freude daher.

Er geht mit seinen Freunden los, die verzweifelte Frau ruft ihn mehrmals an, um zu fragen, wann er nach Hause kommt. Er meldet sich um Mitternacht, weil er noch Lust auf Sex hat, sie spurtet los, um ihn zu besuchen. Sie richtet sich nach ihm, sie gibt ihre Hobbys auf, um so viel Zeit wie möglich mit ihm zu verbringen. Ein Mann fühlt sich aber von einer Frau geistig nur gefordert, wenn sie auch ein eigenes Leben hat und nicht alles für ihn aufgibt. Weil sie sich so aufopfert, verlangt sie von ihm dasselbe: Er sollte mehr auf sie achten, mehr Zeit mit ihr verbringen und weniger mit Freunden unternehmen, er muss ihr beweisen, dass sie das wichtigste in seinem Leben ist. Sie hat ihr eigenständiges Leben für ihn ja auch aufgegeben. Kann er das nicht erfüllen, wird sie immer wütender auf ihn, was ihn wiederum überfordert und er entfernt sich immer mehr von ihr. Die starke Frau hält ihren Freund nicht zurück, wenn er mit Freunden etwas unternehmen möchte, stattdessen unterstützt sie ihn bei seinem Vorhaben: „Geh du nur mit deinen Freunden weg." Wegen dieser Großzügigkeit liebt er sie umso mehr, und plötzlich spürt er das

Bedürfnis, sie häufiger sehen zu wollen. Die verzweifelte Frau hat dagegen große Angst, ihn zu verlieren, dabei merkt sie nicht, dass sie sich selber verloren hat. Der reizvolle Zauber ist schon längst vorbei. Er hat im Gegenzug keine Angst, sie zu verlieren.

Wenn eine Frau einen Mann liebt, möchte sie alles für ihn tun. Aber es ist der falsche Traum. Das ist zu viel! Sie bekommt nicht eine bessere Beziehung mit ihm, wenn sie glaubt, sie müsse es ihm täglich beweisen. Sie muss erst einmal eine bessere Beziehung zu sich selbst aufbauen, erst dann erlebt sie eine glückliche Beziehung zu einem Mann. Er muss Grenzen haben in einer Beziehung, er muss wissen, wenn er dieses oder jenes tut, könnte er sie verlieren. Wir können warmherzig zu ihm sein, aber wir müssen zu uns stehen, wir dürfen uns nicht an einen Mann verlieren. Wir bleiben dadurch für ihn aufregender und er ist dankbar, dass er mit solch einer Frau zusammen sein darf.

Eine Traumfrau hat eine kraftvolle Stärke in sich und wird immer ihre Würde behalten. Sie genießt es, vom Mann bewundert zu werden und wird sich nicht an ihn dranhängen und sich ihm fügen. Für einen Mann ist es abstoßend, wenn eine Frau zum profillosen, formbaren Püppchen wird. Hingabe bedeutet nicht, sich für jemand andern aufzugeben, sondern Hingabe heißt, seine eigene Liebe auszubreiten, ohne Angst, verletzt zu werden und ohne Forderungen zu stellen. Echte Liebe bedeutet, eine unglaubliche Kraft in sich zu haben. Mit der Einstellung, dass der Partner einen endlos lieben muss, ist die Beziehung schon zum Scheitern verurteilt.

Männern fällt es sehr schwer, Frauen zu respektieren, die sich selbst nicht respektieren. Wenn wir uns wie Fußabtreter alles gefallen lassen und wir uns unsicher verhalten, werden wir nicht mehr begehrt.

Nach einer gewissen Zeit fühlen sich diese Frauen plötzlich ausgelaugt und leer, spätestens dann werden sie ihre Aufopferung für andere hinterfragen. Die Fragen können dann lauten: Was habe ich eigentlich für mich getan? Was habe ich davon, wenn ich mich verpflichtet fühle, mich aufzuopfern? Was bringt mir das? In vielen Köpfen herrscht der Gedanke, dass es egoistisch ist, seine Forderungen in den Vordergrund zu stellen, aber wir dürfen egoistisch sein. So sind wir glücklicher und ausgeglichener.

Naomi hat die Einstellung, sie müsse ihrem Partner alles erzählen, als wäre er eine gute Freundin oder ihr Therapeut. Sie redet mit ihm über ihre schwierige Vergangenheit, über ihre schweren Erlebnisse in der Kindheit, über ihre Probleme mit ihrem Bruder, der jetzt hinter Gittern sitzt. Wenn sie über solche Dinge mit ihm spricht, zeigt sie sich als ein armes Opfer, er sieht dann nicht mehr die starke Frau in ihr. Ich sage nicht, dass eine Frau gar nicht über solche Sachen reden darf, sondern sie einfach nur ganz kurz erwähnen sollte: „Ach, meine Kindheit war nicht so rosig, aber mein Leben ist jetzt umso besser." Oder: „Meine Familie sehe ich nicht so häufig." Das reicht schon, vor allem, wenn Sie ihn noch nicht so lange kennen. Reden Sie mit einer engen Freundin über solche schwierigen Themen oder gehen Sie zu einem Therapeuten, belasten Sie aber Ihren Partner nicht mit Ihren Problemen oder mit Ihrer schwierigen Kindheit. Wenn Sie einen starken, zufriedenen Mann an ihrer Seite haben möchten, dann müssen Sie es sich angewöhnen, selber stark zu sein. Wenn er Sie als hilfloses Opfer sieht, fängt er an, Sie schlechter zu behandeln oder Sie reizen ihn sexuell nicht mehr. Naomi redet mit ihrem Partner auch über frühere sexuelle Kontakte mit verflossenen Männern. So etwas törnt ab. Jetzt hat er keine Lust mehr auf Sex mit ihr, er flirtet vor ihren Augen heftig mit anderen Frauen. Sie war nicht mehr interessant und geheimnisvoll, sondern sie wirkte bedürftig auf ihn, so wurde schlechtes Verhalten ihr gegenüber geradezu herausgefordert.

Verzweifelte Frauen schicken einem Mann Nacktfotos von sich, wenn er danach fragt, und sie machen extra für ihn über Skype eine Stripteaseshow, obwohl sie ihn noch nicht lange kennen. Was will er dann noch entdecken, wenn er schon alles gesehen hat? Den Charakter will er wohl kaum noch kennenlernen!

Eine Freundin von mir hatte mit einem Mann eine Affäre. Sie bestellte eine Schachtel mit 100 Kondomen und zeigte ihm diese: „Schau mal, was ich für uns gekauft habe. Ich nehme 50 zu mir und die andere Hälfte kannst du haben." Später verliebte sie sich in ihn. Er war aber nie zu einer Beziehung mit ihr bereit. Es ging schon von Anfang an nur um Sex, er konnte sich nicht mehr in sie verlieben. Im Gegenteil, er hatte nach ihrer Kaufaktion nicht mehr so viel Lust auf sie und flirtete vor ihr mit anderen Frauen. Er riet ihr sogar, sie solle sich wegen ihm nicht so verbiegen und etwas mehr Stolz aufbauen. Und er hatte auch das Gefühl, dass sie noch mit anderen Männern Sex hatte. Was sollte er auch denken, wenn eine Frau so viele Kondome kauft? Natürlich hat jede Frau das Recht dazu, mit anderen Männern zu schlafen, wenn es mit dem einen nur eine Affäre ist, aber bitte lassen Sie es ihn nicht wissen. Sonst verliert er komplett den Respekt vor Ihnen. Und es geht ihn auch gar nichts an, wenn es keine Liebesbeziehung ist. Kaufen Sie außerdem nie Kondome! Er soll sich um solche Sachen kümmern. Wenn ein Mann einen 10er-Pack Kondome bei Ihnen sieht, denkt er: „Mit wie vielen hat sie schon geschlafen?" Möglicherweise schaut er sogar nach, wie viele Kondome in der Packung noch da sind. Und so kann seine Lust gekillt werden. Männer reagieren sehr sensibel auf das Thema „*Sex mit anderen Männern vor seiner Zeit*". Er soll immer das Gefühl haben, der Sex mit ihm sei etwas Besonderes.

Hallo Mama

Seine fürsorgliche Freundin fragt: „Wo warst du? Wieso kommst du erst jetzt nach Hause?" und schaut demonstrativ mit einem strengen Blick auf die Uhr. Die Freundin putzt seine Wohnung und bekocht ihn. Das ist eine Art von Aufmerksamkeit, die eine Mutter ihrem Sohn gibt, aber sicher nicht seine Freundin.

Wenn die Mama-Freundin fürsorglich und kontrollierend wird, sinkt ihre anfängliche erotische Anziehungskraft auf einen Tiefpunkt. Sie dominiert dann die Beziehung und er sieht in ihr eine Frau, die seiner Mutter immer ähnlicher wird oder sie ersetzt. Er ist dann kein gleichwertiger, männlicher Partner mehr. Solche Beziehungen haben die Tendenz, zu eng zu werden und sich zu polarisieren.

Sie nimmt in der Beziehung zu sehr die autoritäre Rolle an, sie koordiniert seine Termine, sorgt sich darum, dass er seine Vitamintabletten schön brav einnimmt, legt ihm die Wäsche raus und richtet ihm noch einmal die Krawatte, bevor er zur Arbeit geht. Sie reserviert einen Tisch im Restaurant und übernimmt die

Rechnung für das Essen, weil er sparen muss oder noch studiert. Sie benimmt sich wie eine Glucke. Für unselbstständige Muttersöhnchen mag das in Ordnung gehen, aber der Rest der Männer wird sich irgendwann bevormundet und eingeengt fühlen. Die Frau wird immer fürsorglicher und der Mann immer unselbstständiger. Das bedeutet zunehmende Enge und gegenseitiger Festlegung auf nur eine oder wenige Möglichkeiten der eigenen Entfaltung.

Yvonne:
Ich war mit meiner Freundin Anja und ihrem Freund für ein paar Tage im Urlaub. Anja organisierte die Ferien für sich und ihrem Freund. Sie kümmerte sich um alles, sie bezahlte an der Rezeption das Zimmer, sie bezahlte den Flug, er musste sich um nichts bemühen. Sie gingen zusammen essen, und als die Rechnung kam, nahm er nur zögerlich seine Geldbörse hervor und wartete, bis Anja sagte, dass sie es übernehmen würde. Er half ihr auch nicht, den schweren Koffer zu tragen. Er kam mir so unmännlich vor und Anja hat absolut die führende, aufopfernde Rolle übernommen. Mir kam es so vor, als wäre es eine Mutter-Sohn-Beziehung. Mir fiel auch auf, dass er mir gegenüber hilfsbereiter war als gegenüber seiner Freundin, weil ich das auch von einem Mann erwarte und darum immer etwas zögerlich stehen bleibe, bis es ihm in den Sinn kommt, sich als Gentleman zu beweisen. In einem Bistro organisierte er einen Stuhl für mich, sodass ich mich zu ihnen setzen konnte. Für seine Freundin kümmerte er sich aber nicht darum, sie musste den Stuhl selber holen, weil sie es wie selbstverständlich ohne abzuwarten selber machte.

Das Gegenteil von Bemuttern ist, wenn seine Freundin zu passiv und unsicher ist, dann wird er vieles für sie entscheiden. Sie mag es gern, wenn sie nichts entscheiden oder sich um nichts kümmern muss. Er füllt die Steuererklärung für sie aus, er bestimmt, was sie am Wochenende machen, sie sagt: „Entscheidest du, mir ist alles recht." Sie muss nicht arbeiten, sie lebt von seinem Geld, dafür muss sie ihn um welches bitten, wenn sie etwas kaufen möchte, er bestimmt über die Finanzen. Sie lehnt sich bequem zurück und lässt ihr Partner machen. Doch Vorsicht: Ich erwähne in diesem Buch häufig, dass wir ihm die Führung überlassen sollen, aber damit meine ich nicht, dass eine Frau völlig passiv wird. Sonst bekommt er immer mehr Macht über sie und bestimmt immer mehr über ihr Leben. Manch einer wünscht sich dann mehr Unterstützung und Zuwendung. Wenn Sie merken, Sie werden immer passiver, dann gehen Sie von jetzt an aktiver auf seine Bedürfnisse ein und entscheiden Sie selbst, in welchen Kinofilm Sie gehen, und bringen Sie Ihre Steuererklärung zum Steuerberater statt zu Ihrem Partner, wenn Sie es hassen, sie selber auszufüllen.

Eine Frau, die er als gleichwertige Partnerin respektieren kann, hält eine gesunde Balance zwischen zu passiv und zu fürsorglich. Sie drängt sich nicht auf, ihr Partner weiß dennoch, dass er auf sie zählen kann und bezieht sie in seinen Entscheidungen mit ein.

Ihr Partner sagt beim Frühstück, dass er dringend neue T-Shirts braucht.
Die Aufmerksame, Begehrenswerte antwortet:
„Bei Esprit habe ich nette T-Shirts gesehen."
Die Bemutternde antwortet:
„Eine Sekunde, ich komme gleich mit."
Die Gleichgültige antwortet:
„Reich mir doch mal das Brot."

Der Partner hat Stress mit Arbeitskollegen und fragt sie um Rat.
Die Begehrenswerte tröstet ihn mit Sex und bespricht den Konflikt später mit ihm.
Die Bemutternde hilft ihm bei der Internetrecherche und ruft den bösen Kollegen an.

Sie erwarten ein Kind. Ihre Freunde sagen: „Du wirst sicher eine tolle Mutter." Wie reagiert der Freund?
Er streichelt stolz ihren Bauch.
Er lacht lauthals los oder lächelt gequält.

Sie möchten essen gehen, dann …
fragt er die Begehrenswerte, ob das Restaurant ihr zusagt und reserviert.
Die Bemutternde hat bereits schon reserviert.

Er zieht um und seine Wohnung muss gereinigt werden.
Die Begehrenswerte sagt: „Organisiere doch eine Reinigungsfirma.“
Die Bemutternde packt ihre Reinigungssachen zusammen und putzt seine ganze Wohnung.

Engen Sie Ihren Partner nicht ein, er ist nicht Ihr Besitz

Wenn Sie den anderen besitzen möchten, zerstören Sie die Liebe. Lieben und besitzen wollen, das passt nicht zusammen. Liebe heißt auch loslassen.

Die Angst vor Verletzungen blockiert, die meisten laufen regelrecht weg und verschließen sich. Es braucht Mut, um emotionale Blöße, Unsicherheit und Unbehagen zuzulassen. Es ist immer wieder ein Risiko, sich auf etwas Neues einzulassen, aber wir können viele schöne Dinge daraus erfahren. Wenn wir uns bei der Liebe auf den Verlust konzentrieren, statt Dankbarkeit und Freude zu empfinden, beginnen wir ein Kontrollverhalten zu entwickeln. Man möchte Situationen und den Partner kontrollieren. Dieser Schutzschild ist eine schwere Bürde, er hindert einen daran, mehr über sich selbst zu erfahren auf sein Inneres zu hören und ein Gefühl von Unwohlsein zuzulassen.

Ich erinnere mich an einem Freund, der sich extrem um eine Frau bemühte. Er gab nicht auf. Irgendwann endlich konnte er sie erobern. Aber als sie zusammen waren, wollte sie ihn verändern, sie konnte es einfach nicht akzeptieren, dass er bei gewissen Dinge anderer Meinung war, sie fing an zu nörgeln. Sie setzte ihn auch unter Druck wegen dem Heiraten. Er wollte ihr einen Heiratsantrag machen und hatte den Ring schon gekauft, aber weil sie ihn so drängte und immer wieder etwas forderte anstatt zu sehen, was er für sie tat, ihn fragte: „Wieso heiratest du mich nicht? Wieso machst du dieses und jenes nicht?“ und sie ihn häufig anrief, um über die Beziehung zu reden, war das alles zu viel für ihn. Er beendete die Beziehung und versteckte den Verlobungsring, damit er auf keinen Fall wieder in Versuchung kam. (Die Frau war wunderschön, ich fand es schade und er tat mir leid.) Als ich ihn nach dem „Warum“ fragte, zuckte er nur mit den Schultern und sagte: „Ich weiß es auch nicht." An einem Mann herumzunörgeln oder ihn verändern zu wollen zerstört jede Beziehung. Wenn jemand immer mehr und mehr fordert, wird der andere immer rebellischer.

Eigentlich wäre es so einfach gewesen, diese Beziehung aufrechtzuerhalten, sie hätte ihn nur akzeptieren sollen und ihn weiterhin ab und zu mal etwas zappeln lassen, indem sie sich zurückgezogen hätte. So hat er sie doch kennengelernt! Aus der eigenständigen Frau war jedoch eine anhängliche, nörgelnde Frau geworden. Sie hatte sich total verändert. Er war am Anfang so fasziniert von ihr, er hätte alles für sie getan, wenn sie nur nicht so verbissen gewesen wäre. Da nützt alle Schönheit nicht, um einen vernünftigen Mann zu halten. Seine Gefühle für sie waren noch nicht erloschen, als er die Beziehung beendete, sonst hätte er nicht den Verlobungsring vor sich selbst verstecken müssen. Mit Nörgeln und Drängen erreichen wir nie das, wonach wir streben, sondern das Gegenteil. Wir können den Partner nicht ändern, wir können nur unser Verhalten und unsere eigene Einstellung verbessern. Wenn wir gelassener reagieren, wird er sich uns gegenüber plötzlich auch anders verhalten. Das ist der Schlüssel, um wieder mehr Zufriedenheit in die Beziehung zu bringen. Wir projizieren unser Verhalten auf sein Verhalten. Wir haben es also in der Hand, ob wir uns über etwas lange ärgern möchten und dann mit ihm streiten, weil wir uns nur noch auf das Negative konzentrieren, oder ob wir es gelassener und optimistisch angehen.

Die meisten Leute leben nicht die Liebe, denn Liebe bedeutet keinen Druck und keine Erwartungen, sie ist einfach da. Wenn jemand glaubt, man müsse sich verbiegen und aufopfern für die Anerkennung und Liebe des anderen, hat das nichts mit Liebe zu tun. Wenn einer glaubt, den anderen zu brauchen, geht in diesem Moment die Beziehung auseinander. Auch das Denken „Jetzt muss ich da durch, ich muss das machen, das gehört sich so" ist ein Bremsklotz. Wenn wir diesen Druck wegnehmen, indem wir einfach da sind ohne um Anerkennung zu kämpfen und große Forderungen an uns zu stellen, weil wir denken, dass wir nur so geliebt werden und stattdessen immer mehr das machen, was uns gut tut, werden wir mit der Zeit immer mehr erfahren, was Liebe ist: nämlich die Fähigkeit, in erster Linie sich selbst zu lieben.

Jammern ...? Nein danke!

Liebe muss etwas Leichtes sein. Wenn wir aber immer wieder über die gleichen Probleme reden, wird es plötzlich immer mehr schwerfälliger. Wir verschlimmern somit nur unsere missliche Lage und meist kommen dann immer mehr negative Argumente, so dass wir uns nur noch schlechter fühlen. Der Fokus ist somit auf die Dinge gerichtet, die nicht so gut laufen. Wir geben den Problemen auf diese Weise zu viel Raum in der Beziehung, bis wir selbst durch unser *„ständiges Probleme besprechen Wollen"* als Belastung empfunden werden.

Allzu viele Frauen wälzen immer wieder ihre Probleme, möchten sie so lange wie möglich durchdiskutieren und er sollte bitte immer schön zuhören und Verständnis aufbringen. Aber das überfordert ein Mann total, und die Beziehung wird somit schwerfällig. Männer reden nicht gerne über Probleme, sie versuchen gleich, eine Lösung zu finden. Natürlich können Sie es ansprechen, wenn etwas nicht stimmt in der Beziehung. Aber verharren Sie nicht ewig lang bei diesem Thema. Besser ist immer noch, mit Handlungen statt mit Worten zu zeigen, dass es so nicht geht. Nichts ist abstoßender als eine humorlose, herumnörgelnde Frau.

Zwingen Sie nie einen Mann, über seine Gefühle zu sprechen, das kann ihn erdrücken. Er wird dann das Gesicht verziehen, als hätte er in eine Zitrone gebissen. Männer haben eine Abneigung dagegen, über Gefühle zu sprechen. Oder kennen Sie viele Männer, die sich freiwillig, ohne von einer Frau gezwungen zu werden, tragische Filme reinziehen? Mit ziemlicher Sicherheit nicht. Wenn ein Mann von sich aus über seine Gefühle spricht, ist es etwas anderes. Aber wenn **Sie** damit anfangen, fühlt er sich bedrängt, darum heißt es auch da: **Überlassen Sie ihm die Führung!** Der größte Fehler, den Frauen machen können, ist ihn zu fragen, ob er sie liebt. Das wirkt wie ein kleines, hilfloses Mädchen. Er sollte es von sich aus sagen.

Um die Leichtigkeit in einer Beziehung zu behalten reden Sie lieber mehrheitlich über positive und schöne Dinge und lachen sie viel miteinander. Natürlich sollen Sie nicht nur oberflächlich bleiben, aber Sie sollten nicht zu lange in ernsten Problemgesprächen verharren, sonst vergeht die Lust auf den anderen. Auch wenn man schon länger in einer Beziehung ist, kann man mit dem Partner immer noch gut flirten, so behält die Beziehung ihre Lebendigkeit.

Glauben Sie mir, zuerst fühlen Sie sich für ein paar Minuten gut, wenn Sie immer zu ihm laufen und ihn ständig im Büro oder sonstwo anrufen, aber viel schlimmer, wenn er dann beginnt sich, von Ihnen zu entfernen, weil ihm alles zu viel wird. Haben Sie das Bedürfnis, dringend über Ihre Probleme zu sprechen, rufen Sie jemand anderes an, eine Freundin zum Beispiel. Der Partner sollte nie wie die beste Freundin für eine Frau sein, ein Mann tickt einfach anders als wir Frauen, im Gegensatz zu einer engen Freundin ist er überfordert, wenn Sie all Ihre Probleme ihm gegenüber offenbaren. Es ist nie gut, wenn wir unsere Schwierigkeiten immer bei der gleichen Person abladen. Lieber sich selber mal reflektieren und fragen: Was stört mich an dieser Sache? Es gibt immer zwei Wege, die Dinge zu betrachten, man kann es pessimistisch sehen oder das Beste herausholen. Er hat uns fröhlich und zufrieden kennengelernt und das sollten wir auch weiterhin bewahren können, auch wenn wir schon länger in einer festen Partnerschaft sind. Wenn wir immer wieder die eigene Unzufriedenheit zum Ausdruck bringen, wird das mit der Zeit sehr belastend für die Beziehung und bald wird er uns als anstrengend empfinden. Wir können unseren Partner nicht als Gegenmittel für die eigenen Lebensprobleme, die eigenen Leere, Langweile oder Einsamkeit benutzen, er ist nicht dazu da, dieses Loch zu stopfen. Der Partner sollte nie der einzige Lebensinhalt sein.

War er in letzter Zeit etwas genervt, sehen Sie einander vielleicht einfach zu oft. Auch da heißt es: drängen und es bereden wollen führt zu nichts. Er ist ein Mann und reagiert anders als eine Frau – wenn eine Frau verärgert ist, braucht sie Trost, aber ein Mann braucht Platz und dann dringend ein Ventil, um seinen Ärger abzulassen. Seien nicht Sie sein Ventil! Darum gehen Sie ihm am besten aus dem Weg, geben Sie ihm etwas Raum und nehmen Sie es nicht persönlich. Vielleicht hat er viel

Stress auf der Arbeit und es wird ihm deshalb alles zu viel. Tun Sie so, als seien Sie sehr beschäftigt und ziehen Sie sich etwas von ihm zurück, machen Sie einen Tagesausflug oder sonst etwas, was Ihnen gut tut. Ist er in einer schlechten Stimmung, lassen Sie ihn am besten in Ruhe, nicht dass er dann etwas Ungewolltes sagt und es in einen sinnlosen Streit eskaliert. Wenn er schlecht gelaunt ist, ist es sein Problem. Lassen Sie sich nicht mit runterziehen, sonst geht Ihre Energie auf den Tiefpunkt, ohne, dass es Ihr Problem ist. Wir Frauen haben die Tendenz, uns von fremder Energie (besonders der Energie des Partners) mitziehen zu lassen. Wir müssen lernen, emotional Abstand zu halten von Problemen, die mit uns nichts zu tun haben. Nicht die Beziehung oder der Mann ist am wichtigsten, sondern Sie sind es! Mit dieser Einstellung wird er Sie immer mit großem Respekt behandeln und bewundern.

Frauen, die übermäßig ängstlich und anhänglich sind, werden von Männern nicht respektvoll behandelt. Männer flüchten von hysterischen Frauen! Sie wollen eine glückliche, strahlende, unbeschwerte Partnerin! Sagen Sie nie: „Ich muss mit dir reden!“ Da fühlt er sich als wäre er bei einem Verhör! Als Reaktion wird er genervt die Augen verdrehen. So etwas schlägt Männer schnell in die Flucht! Auch wenn Ihnen danach zumute ist, unterlassen Sie es! Und nach einem Streit machen Sie einen glanzvollen Auftritt, wenn Sie ihm das nächste Mal sehen, wirken Sie glücklich, als wäre nichts geschehen.

Nach einer Auseinandersetzung mit ihm stellen Sie sich sicher folgende Frage: Soll ich ihn zurückrufen, um ihm einen Vortrag zu halten?

Wenn Sie klug sind, rufen Sie ihn nach einem Streit nicht zurück. Hier der beste Rat, was Sie tun können, wenn Sie sich ärgern: Greifen Sie ihn nicht verbal oder auf andere Weise an. Die heilsamste Methode, den Streit aufzulösen ist, Dankbarkeit zu zeigen für die guten Dinge, die er für Sie macht. Sind wir mit einer schwierigen Beziehung oder Situation konfrontiert, sehen wir nur noch das Schlechte an der anderen Person. Wir reflektieren unsere eigenen Probleme auf die andere Person. Je mehr Vorwürfe Sie machen, desto schlechter wird die Beziehung. Wann immer Sie negative Gefühle anderen gegenüber hegen, können Sie sie mit Dankbarkeit für die guten Dinge auf eine positive Weise auflösen. Ganz egal, was jemand Verletzendes gesagt hat, Sie können es mit Dankbarkeit heilen. Schreiben Sie eine Liste mit zehn Dingen, wofür Sie dem Partner dankbar sind.

Hier ein Beispiel:
Remo, ich bin dankbar, dass du mich immer wieder zum Lachen bringst.
Remo, ich bin dir dankbar für deine Hilfe.
Remo, ich bin dir dankbar für, dass du mich so liebst, wie ich bin.
Remo, ich bin dir dankbar, dass du mich an deinem Leben teilhaben lässt.
Remo, ich bin dir dankbar, dass du mir gegenüber so großzügig bist.

Jammern Sie nicht über Ihre Gesundheit! Vitalität ist sexy und anziehend, ungesund ist unerotisch. Seien wir doch mal ehrlich, zu wem fühlen wir uns mehr hingezogen? Von einem Mann, der voller natürlicher Energie ist, oder von einem kränklich aussehenden, schwächlichen Mann?

Wenn er Ihnen von einem Problem erzählt und er nicht weiß, was er machen soll und er sich in dieser Situation überfordert fühlt, dann gehen Sie nur kurz auf das Thema ein und geben ihm mit motivierenden Sätzen wieder neue Energie, Hoffnung und Kraft. Anstatt ihm zu sagen, was zu tun ist, zeigen Sie ihm Ihr Vertrauen. Wir sagen einem Mann nicht, was er zu tun hat, auch nicht auf eine fürsorgliche Art und Weise. Seine Männlichkeit wird ihm genommen, wenn Sie ihn wie einen Jungen wegen etwas ermahnen und er sieht Sie somit bald nicht mehr als Liebhaberin, sondern eher wie seine Mama. Das sexuelle Interesse an Ihnen geht dadurch verloren.

Mischen Sie sich nicht zu sehr in seine Angelegenheiten ein. Sie können ihm sagen: „Ich vertraue dir, dass du sicher die beste Entscheidung treffen wirst.“ Es ist das Bestmögliche an Unterstützung, das Sie ihm geben können, weil ihm das zeigt, dass

Sie ihn für einen fähigen, fürsorglichen Erwachsenen halten. So merkt er, dass Sie ihm ein gutes Gefühl geben und ihm vertrauen. Und die Menschen lieben Leute, die ihnen ein gutes Gefühl geben. Daher bestärken Sie lieber das Starke an ihm. Wenn er es dann total übertreibt mit Jammern, einfach nicht darauf eingehen, klar ablenken und über ein anderes Thema sprechen. Das ist für ihn selbst sicherlich auch heilsamer.

Viele Frauen reden mehr über den Partner als über sich selbst, sie beschäftigen sich viel zu sehr mit den Dingen des anderen. Es ist nicht Ihre Aufgabe, sich um das Wohlergehen oder die Probleme Ihres Partners zu kümmern. Das ist ganz alleine seine Aufgabe. Richten Sie lieber Ihre Aufmerksamkeit auf sich selbst. So übernehmen Sie die Verantwortung für Ihr eigenes Wohlergehen, Sie bekommen inneren Frieden, Klarheit und Selbstbewusstsein.

Hier ein Beispiel wie man sich nicht verhalten sollte:
Christina redet mit ihrem Freund Tom über all ihre Probleme. Und wenn es in der Beziehung Probleme gibt, wird auch darüber lange diskutiert, wie es ihr Psychologe ihr geraten hatte. Sie ist zu ihm sehr fürsorglich, berät ihn, dass er dieses und jenes tun soll. Wenn sie zusammen tanzen, dann sagt sie ihm, wie man die Schritte richtig macht, und sagt ihm: „Du tanzt falsch, wir haben doch einen Kurs zusammen gemacht, wieso kannst du es nicht mehr?“ Er fühlt sich klein und unsicher und entwickelt einen inneren Groll gegen sie. Christina ist zu dominant in der Beziehung und er ist zu unsicher. Nach fünf Monaten Beziehung hat er keine Lust mehr auf Sex mit ihr. Warum? Weil er sich bei ihr nicht männlich genug fühlt, er fühlt sich wie der kleine, unsichere Junge und sie fühlt sich übermächtig. Ich habe ihr geraten, dass sie ihn einfach mal machen lassen soll und ihm vertrauen kann. Bei dem Beispiel mit dem Tanzen hätte sie einfach ohne ihn zu korrigieren mit ihm tanzen und es genießen sollen, ohne auf seine Unvollkommenheit zu achten. Aber eigentlich passt es, wenn jemand sehr dominant in der Beziehung ist und die andere Person zu unsicher, nicht zusammen, denn in einer Beziehung sollte man immer etwa im Gleichgewicht sein. Also gleichgestellt, sonst fühlen sich beide mit der Zeit unzufrieden.

Gewisse Beziehungen sind nur dazu da, um noch etwas aus der Kindheit zu verarbeiten, was man noch nicht bewältigt hat. Als Single kommt es weniger zum Vorschein, aber sobald wir in einer Beziehung sind, treten plötzlich kindliche Verhaltensmuster hervor. Wir reagieren vielleicht trotzig und unkontrolliert auf eine Aussage, die unser Partner gemacht hat, aber eigentlich ist es nicht er alleine, der uns so wütend macht, es kommt von einer anderen Person aus der Vergangenheit – Mutter, Vater, Geschwister oder Lehrer usw. Ist der Partner ähnlich unnahbar wie der Vater, fühlen wir uns hilflos und bekommen eine Wut auf unseren Partner, weil er ein altes Muster auslöst. Haben wir Vergangenes noch nicht bewältigt, werden wir beim nächsten Partner wieder mit ähnlichen Problemen konfrontiert. Wir können von einer Beziehung in die nächste wechseln, ziehen wir aber immer wieder den gleichen Typ Mann an, mit dem es schwierig in der Partnerschaft ist, dann müssen wir zuerst an uns selber arbeiten, um der Ursache unseres Problems auf den Grund zu gehen. Wir müssen uns mit dem Vergangenen versöhnen.

Stellen Sie sich folgende Fragen:

- Weiß ich, was für mich selbst wichtig ist, womit blühe ich auf?
- Pflege ich immer meine Freundschaften oder verzichte ich darauf, nur weil der Partner meine Freunde nicht mag?
- Und verlange ich von meinem Partner, dass er auf Freundschaften verzichten soll?

In einer Beziehung kümmern Sie sich immer zuerst um Ihre eigenen Bedürfnisse und nicht um den anderen. Viele Frauen denken immer zu viel an den Partner und sind selten bei sich selber. Was macht er? Wie mache ich ihn glücklich? Was erwartet er von mir? Wieso meldet er sich nicht? Was habe ich falsch gemacht? Was ist ihm wichtig? Wieso hat er so reagiert? Hat er eine andere? Es ist wie eine Besessenheit. Besser ist, er kann an seinen eigenen Problemen arbeiten und Sie kümmern sich mehr um Ihre Angelegenheiten.

Kommunikation zwischen einem Paar, die auf Verständigung und liebende Gemeinschaft abzielt, benötigt Bewusstheit, Respekt und Struktur.

So werden Sie von ihm wieder beachtet

Jeder Anfang beginnt mit einem Zauber, schauen Sie, dass es aufregend und zauberhaft in der Beziehung bleibt. Mit dem langen Zusammenleben geht diese anfängliche Lebendigkeit verloren. Natürlich ist es falsch, dem Anfang hinterherzutrauern, aber es ist nicht nur der andere schuld, dass die Spannung nicht mehr da ist. Sie alleine können etwas tun, um es wieder aufregender zu gestalten. Es kommt die Zeit, da beginnt sich sein Engagement langsam an zu erschöpfen, weil es zur Gewohnheit geworden ist.

Für eine glückliche Beziehung reicht es leider nicht aus, sich nur auf das Gefühl der Liebe zu verlassen, wir müssen uns schon ein bisschen mehr bemühen, um seine Aufmerksamkeit längerfristig zu behalten. Dieses wird uns spätestens bewusst, wenn die Partnerschaft zur Gewohnheit geworden ist und er sich lieber dem Fernseher widmet als uns.

Die Bindung ist fester, wenn die Verbündeten geheimnisvoller sind, als wenn Sie ganz viel voneinander wissen. Darum ist die Verbundenheit zwischen frisch Verliebten stärker als bei langen Beziehungen. Solange wir nicht alle Details über unseren Partner wissen und wie sein routinemäßiger Tagesablauf ist, können wir uns der Liebe zu ihm einfacher hingeben. Wenn wir nicht alles von ihm wissen, sehen wir mehr seine guten Eigenschaften als die schlechten. Gleich verhält es sich, wenn es umgekehrt ist, zum Beispiel wenn er mit zu vielen unserer intimsten Details vertraut ist. Zum Beispiel wie wir uns die Beine rasieren, mit einer Gurkenmaske herumlaufen oder wenn er einige schlechte Eigenschaften von uns kennt. So friert die Beziehung ein. Die schöne Fassade, in die er sich verliebt hat, bröckelt langsam und fällt in sich zusammen. Darum ist es wichtig, nie alle intimen Details zu offenbaren. Er darf hinter unsere Fassade schauen und uns kennenlernen, aber nie so weit, dass er alle unsere unschönen Angewohnheiten kennt und für ihn die schöne Fassade auf einmal gar nicht mehr so spannend ist. Das ist der Preis für eine längerfristige, schöne Beziehung. Wir müssen immer wieder daran arbeiten und uns zurückziehen können.

Wir wünschen uns doch alle, dass eine Beziehung lange und gut funktioniert. Was können wir tun, wenn es schon so weit gekommen ist? Er beachtet Sie nicht mehr so wie früher und vieles ist für ihn selbstverständlich geworden. Am besten ist es dann, sich zurückzuziehen.

Ein Mann wird mit der Zeit bequem, wenn er seine Partnerin nicht mehr beeindrucken muss. Je sicherer er ist, desto achtloser wird er.

Leidenschaftliche Erotik entsteht vor allem da, wo es um das Unbekannte, Neue geht. Leidenschaft lebt von der Distanz, von der Neugier und vom Entdecken.

Wir können es uns nicht so einfach machen, alles auf das Jungsein zu schieben. Was einen Mann fasziniert ist Begeisterungsfähigkeit, Phantasie, manchmal kindlicher Charme, Lust und echte Hingabebereitschaft. Das hat nicht nur mit Jungsein zu tun, das sind auch Qualitäten längerer Liebe und reiferer Weiblichkeit. In den meisten längeren Beziehungen geht das aber irgendwann mit der Routine und Gewohnheit verloren. Was ist daraus geworden? Das war doch auch alles mal da. Wo ist diese weibliche Lebendigkeit geblieben?

Dieses sollten Sie vermeiden:

- Wie selbstverständlich jedes Wochenende mit ihm verbringen
- Ihn anrufen, um über die Beziehung zu reden
- Ihn überraschen, wenn er mit Freunden in einem Restaurant sitzt
- Ihn nicht zuerst anzurufen, auch nicht immer zurückrufen und seine Anrufe nur entgegenzunehmen, wenn Sie in guter Stimmung sind, ist sicher ein guter Anfang.

ER soll Sie mehr begehren und immer etwas mehr hinter Ihnen her sein als Sie hinter ihm. Leider drehen die meisten Frauen den Spieß um und beginnen, ihn zu verfolgen. Zu fragen: „Wann rufst du mich an? Wann sehen wir uns wieder?" ist die Aufgabe des Mannes! Auch wenn es schwer ist, unser gewohntes Verhalten zu stoppen, ist genau dieses unsichere Verhalten das, was ihn dazu bringt, sich mehr und mehr von uns zu entfernen. Eine Frau, die begehrenswert ist, hat es einfach nicht nötig. Weil sie weiß, wie wertvoll sie ist, hat sie keine Angst, ihn zu verlieren. Umso mehr ein Mann sich Mühe geben muss, umso mehr begehrt er diese Frau und umso wertvoller ist sie für ihn. Wenn sie aber mehr hinter ihm her ist als er hinter ihr, dann zieht er sich zurück und verliert immer mehr das Interesse daran, sich zu bemühen.

Falls Sie finden, dass Sie mehr hinter ihm her sind als er hinter Ihnen ist es das Beste, sich zurückzuziehen. Die Beziehung nimmt sonst einen schlechten Verlauf, weil schlussendlich Sie sich immer wieder bemühen müssen, um seine Aufmerksamkeit zu bekommen, aber Sie bekommen zu wenig und leiden darunter und dann sind Sie diejenige, die das Nachsehen hat und zu kurz kommt. Viele Frauen, die sich aufopfern für den Partner merken lange nicht, dass er sich viel zu wenig bemühen muss. Melden Sie sich eine Zeit lang nicht mehr. Manchmal kann man durch Nichtstun mehr erreichen. Dann müssen Sie nur noch abwarten und sehen, was passiert, ohne mehr zu tun als sich ganz auf sein Verhalten zu verlassen! Nur so erfahren Sie, ob Sie für ihn wichtig sind.

Sagen Sie auf keinen Fall so etwas wie: „Ich liebe dich so sehr, ich möchte, dass du mehr Zeit mit mir verbringst. Liebst du mich überhaupt noch?“ Wann hat ein Mann Sehnsucht und das größte Verlangen nach einer Frau? Wenn er nicht ganz sicher ist, wie ihre Gefühle für ihn sind! Darum halten Sie sich zurück. Erinnern Sie sich daran, wie ein Mann auf Ihre Aktion reagieren würde, im Gegensatz zu uns Frauen kann es ihn abschrecken, wenn eine Frau ihm zu viel von sich und ihren Gefühle offenbart.

Erwidern wir nur selten seine Anrufe oder rufen erst einen Tag später zurück, wühlt es ihn auf, weil er denkt, dass es Ihnen nicht so wichtig ist oder er Ihnen weniger bedeutet. Noch etwas anderes, das Sie tun können, um geheimnisvoller zu sein: Er sagt: „Ruf mich an“, und Sie sagen: „Ok“, und dann rufen Sie ihn nicht an. Es geht darum, sein Feuer wieder neu zu entfachen. Genau solche einfachen Dinge machen eine Beziehung, die viele routinierte Gewohnheiten angenommen hat, wieder belebter. Er wird sich Gedanken machen, wieso Sie nicht zurückrufen und was Sie gerade machen. Wenn Sie eigene Hobbys haben und er nicht weiß, wann er Sie wieder sehen kann, fängt er wieder an, Sie zu vermissen. In einer Beziehung kann es sehr schnell langweilig werden, wenn die Freundin eines Mannes immer zu Hause sitzt wenn er kommt. Probiert eine Frau immer wieder etwas Neues aus und merkt er, dass sie sich unabhängig von ihm weiterentwickelt, spornt ihn das an. Er entwickelt sich ebenfalls weiter. Die Beziehung bekommt eine positive, aktive, schwungvolle Energie. Für einen Mann gibt es nichts Attraktiveres als eine Frau, die leidenschaftlich ihr eigenes Leben lebt und ständig Neues entdeckt. Er wird sich bemühen, mit ihr mithalten zu können und wird sie bewundern für ihre Selbstständigkeit und sie viel mehr schätzen. Außerdem gibt es viel mehr zu erzählen, wenn beide ihren eigenen Hobbys nachgehen, das hält die Beziehung lebendig.

Es ist nichts dagegen einzuwenden, wenn Sie Ihren Freund hin und wieder mal von sich aus anrufen – vielleicht so etwa im Verhältnis fünfmal er, einmal Sie.

Ab jetzt gilt:

Haben Sie ihn bis jetzt dreimal am Tag angerufen, dann rufen Sie ihn ab sofort zweimal in der Woche an.

Rufen Sie ihn normalerweise immer zurück, dann tun Sie es mal nicht.

Was auch immer geschieht, behalten Sie den Glauben, dass er in seinem Zeit-Rhythmus anruft. Und sprechen Sie ihn nie darauf an, wieso er sich so lange nicht gemeldet hat, stattdessen sagen Sie einfach: „Bei mir war so viel los, du wirst es nicht glauben." Wenn Sie es sich angewöhnt haben, sich mit guten Dingen zu beschäftigen, werden sechs Tage ohne Anruf von ihm das nächste Mal wie im Flug vorbeigehen. Definitiv sollten Sie ganz selten anrufen, aber auch vermeiden, dass er denkt, Sie spielen Spielchen! Das kommt immer schlecht. Sie wenden eine Strategie an, um das Bestmögliche aus der Beziehung für beide herauszuholen. Es erfrischt die Beziehung.

Falls Sie bis jetzt immer zehn Minuten nach seinem Anruf gesprungen sind, um ihn zu treffen, dann haben Sie jetzt einfach mal etwas vor und es geht bei Ihnen erst in zwei Tagen wieder. Er überlegt sich dann, wieso Sie nicht so viel Zeit mit ihm verbringen und was Sie tun, wenn Sie nicht mit ihm zusammen sind, und schon werden Sie wieder etwas interessanter und aufregender für ihn. Er bemüht sich wieder mehr. Es ist natürlich hart für eine Frau, sich zurückzuziehen und den Partner mal nicht anzurufen, vor allem wenn Sie mit ihm schon eine längere Beziehung hat und es sich so eingespielt hat, dass sie sich regelmäßig meldet, aber genau dann macht es Sinn, mal aus der Routine auszubrechen und mal nichts von sich hören zu lassen und auch nicht immer seine Anrufe entgegenzunehmen. Er weiß, dass Sie für ihn immer da sind und das ist es, was ihn dann hindert, sich ins Zeug zu legen. Vermitteln Sie ihm den Eindruck, dass Sie nicht so auf eine Beziehung aus sind, Sie nehmen ihre Liebe und ihre Fürsorge zurück, sodass er unsicher wird.

Olga:
Als mein Freund mir sagte, er brauche mehr Abstand, habe ich deinen Rat, eine Zeit lang alle Anrufe, Mails und SMS zu ignorieren, befolgt. Er rief regelmäßig an, sprach mir auf die Mailbox, wollte mich dringend treffen und schrieb mir SMS. Ich habe nichts beantwortet. Nach einer Woche stand er auf einmal vor meiner Haustüre und hat einen Heiratsantrag gemacht.

Linda:
Ich habe den Rat befolgt und ihn mehrere Wochen lang nicht mehr angerufen, ich habe ihn nicht mal zurückgerufen und die SMS auch nicht immer beantwortet. Plötzlich stand er mit Blumen vor der Türe. Er zeigte sich schließlich besorgt, dass wenn er mich nicht anruft, um nach einem Treffen zu fragen, ich ihn nie anrufen würde.

Meli:
Ich war viel zu anhänglich in meiner Beziehung und richtete mich immer nach meinem Freund, bis er sagte, er möchte mich weniger sehen. Da machte es klick bei mir und ich befolgte deine Tipps. Anstatt auszu-

rasten und ihm vorzuwerfen, er liebe mich nicht mehr, reagierte ich mal anders. Ich sagte in einem ruhigen Ton: „Ja, das ist eine gute Idee." Das überraschte ihn, so was war er nicht gewohnt. Nun habe ich mich zurückgezogen und war so beschäftigt mit neuen Hobbys und damit, meine Freunde zu treffen, dass ich selten zu Hause war. Und siehe da, als er mich mehrere Wochen lang nicht mehr zu Gesicht bekam, sagte er plötzlich in einem aufgeregten, verzweifelten Tonfall, dass er mich vermisse und er mich wieder mehr sehen möchte.

Planen Sie mal etwas nur für sich, ohne es mit ihm abzusprechen. Fahren Sie weg, geben Sie ihm einen Abschiedskuss und sagen: „Mach dir einen schönen Tag, Schatz, ich gehe heute mit einer Freundin weg. Warte nicht auf mich, es kann sehr spät werden." So was macht ihn nervös, weil er sich fragt, was Sie in der Nacht so treiben, und es kann ihn anstacheln, sich mehr ins Zeug zu legen.

Julia:
Mein Freund hat mich am Samstagabend angerufen, um zu fragen, ob ich mit ihm etwas machen möchte. Ich lehnte ab und ging stattdessen mit Freunden weg. Das erwartete er nicht von mir und er war überrascht, als ich nicht umzustimmen war und mein Freund an diesem Abend nicht den Vorzug gab.

Er: „*Ich muss dir heute absagen, meine Freunde haben mich zum Essen eingeladen, sie wollen mich noch sehen, bevor ich nach Kanada fliege.*" Sie: „*Okay, dann viel Spaß!*" Jede andere Frau wäre hier ausgeflippt und wäre enttäuscht gewesen. Silvy blieb aber gelassen. Nach ein paar Stunden bekam sie ein SMS von ihm: „*Ich wäre jetzt viel lieber bei dir als hier langweilig herumzusitzen. Ich vermisse dich. Kuss.*" Hätte sie ihm eine Szene gemacht und ihm ein schlechtes Gewissen gemacht, hätte er anders, abwesender reagiert, vielleicht wäre er sogar froh gewesen, ihr abgesagt zu haben. Aber durch ihre Reaktion hatte er große Sehnsucht und Lust, sie zu sehen.

Reservieren Sie nicht immer wie selbstverständlich jedes Wochenende für Ihren Freund. Und schleppen Sie nicht immer Ihr Freund überallhin mit, wenn Sie mit einer Freundin verabredet sind, auch nicht, wenn er darum bettelt. Sonst vertreiben Sie all Ihre Freundinnen, weil es Sie nur noch im Doppelpack gibt. Sie bekommen sonst immer weniger Anfragen für einen Frauenabend. Wenn Sie etwas mit Ihrer Schwester oder einer Freundin ausgemacht haben und er möchte plötzlich, kurz bevor Sie gehen, auch mitkommen, sagen Sie: „Ich möchte jetzt mit meiner Schwester etwas alleine unternehmen. Tschüss!"

Es mag sein, dass Ihr Freund zuerst enttäuscht ist, aber im Nachhinein wird er Sie viel aufregender finden, weil Sie nicht immer springen, wenn er kommt. Es spornt ihn an, für Ihre Aufmerksamkeit etwas tun zu müssen. Das bringt Frische in die Beziehung. Selbstbewusste Frauen reizen einen Mann viel eher. Ein Mann mag es, wenn wir unseren eigenen Kopf haben.

Falls Sie unglücklich in einer Beziehung sind, dann wird es Zeit, etwas dagegen zu tun. Probieren Sie etwas Neues aus, ganz für sich alleine. Machen Sie Tanzkurse, gehen Sie mit einer Freundin in den Urlaub oder lernen Sie tauchen.

Dadurch werden Sie automatisch Zeit für sich selbst in Anspruch nehmen und zufriedener sein. Machen Sie etwas Verrücktes, etwas, das Sie schon lange machen wollten, das gibt Ihnen neue Energie. Gehen Sie mal mit einem anderen Mann essen, der Sie vergöttert. Machen Sie sich Gedanken, was in der Beziehung unglücklich verläuft.

Sagen Sie ihrem Partner nie, wie sehr sie ihn brauchen oder wie große Angst Sie haben vor dem Alleinsein oder von ihm verlassen zu werden. Warum? Weil er dann merkt, wie abhängig Sie von ihm sind, und er denkt sich, Sie nehmen alles in Kauf, nur um nicht alleine zu sein. Er wird sich dann so schlecht benehmen, wie es ihm gerade passt, weil er sich sicher ist, dass Sie ihn nicht verlassen werden.

Und noch eine Empfehlung von mir für zukünftige SMS und Mails: Schreiben Sie ihm nicht genau, was Sie unternommen haben. Immer geheimnisvoll und fröhlich bleiben.

Manchmal müssen die Männer nur wieder daran erinnert werden, dass sie uns verlieren könnten, um zu spüren, wie sehr sie uns lieben. Um ein wenig Pfeffer in die Beziehung zu bringen, verhalten Sie sich also mal ganz anders, als es der Partner gewöhnt ist. Buchen Sie übers Wochenende einen Ausflug für sich alleine und informieren ihn erst, wenn Sie schon auf dem Weg dorthin sind. „Schatz, ich stehe am Flughafen und fliege in 30 Minuten nach Paris. Tschüss, bis Montag dann!" Ihm wird es die Sprache verschlagen. Eine resignierte, in einem routinierten Trott erstarrte Beziehung erlebt plötzlich einen neuen, aktivierenden Impuls. Also ist es wunderbar, nicht ständig verfügbar zu sein.

Nicht beeinflussen lassen

Geraten Sie in eine Situation, in der er sich nicht so verhält, wie es für Sie passt, und will er Sie davon überzeugen, dass das, was es er tut, normal ist, bleiben Sie bei Ihrer Meinung und lassen Sie sich nicht durch seine Ansichten beeinflussen. Hinterfragen Sie lieber, ob er so, wie er sich verhält, gut genug für Sie ist.

Ändern Sie Ihre Meinung nicht! **Sie verdienen etwas Besseres als das, was er Ihnen jetzt gerade gibt**. Glauben Sie das oder sagen Sie es zu sich selbst, bis sie daran glauben. Durch unsere Energie, unsere Ausstrahlung und Körperhaltung strahlen wir immer etwas aus, das er unbewusst wahrnimmt. Darum spüren die Männer, wenn wir überzeugt sind, dass das, was er tut, für uns nicht in Ordnung ist. Als Frauen neigen wir dazu, alles zu erklären, aber das ist nicht nötig. Wir müssen niemandem Rechenschaft ablegen. Es ist kontraproduktiv und völlig unnötig, um zu unserem Ziel zu kommen, von einem Mann begehrt zu werden.

Wir müssen lernen, unsere Energie zu behalten und wir selbst zu bleiben. Ein Mann kann nur bei einer Frau ankommen, die auch bei sich selbst angekommen ist. Sonst benehmen sich beide wie zwei verlorene Wesen, die diese Leere durch den anderen ausfüllen möchten.

In dem Moment, in dem jemand denkt, er braucht den anderen, ist es keine richtige Liebe mehr. Dann entfernen sie sich voneinander, weil an den anderen zu viele Forderungen gestellt werden, die dieser gar nicht erfüllen kann. Eine gute, respektvolle Beziehung heißt nicht, dass man sich verbiegen muss. Viele glauben, eine Beziehung hat mit Verschmelzung zu tun. Vor allem wir Frauen haben die Tendenz, uns nach dem Partner zu richten, ohne die eigenen Bedürfnisse in den Vordergrund zu stellen, in dem Glauben, wir würden von ihm mehr geliebt und anerkannt. Das funktioniert so aber nicht und hat nichts mit einer zufriedenen Beziehung zu tun. Jeder sollte sich selber treu bleiben.

Finden Sie heraus, was das Beste für Sie ist und zwingen sich, das zu tun, was Ihnen gut tut, auch wenn der Partner damit nicht einverstanden ist. Ziehen Sie Ihre Sache durch, lernen Sie Nein zu sagen, wenn etwas von Ihnen verlangt wird, das Sie nicht möchten und lernen Sie, tief in sich wahrzunehmen, was Sie in dem Moment wirklich möchten. Wenn Sie nicht wissen, was Ihnen gut tut, dann nehmen Sie sich die Zeit, um inne zu halten und auf Ihr Bauchgefühl zu hören. Was sagt es? Fühlen Sie sich unwohl? Oder können Sie aus vollem Herzen Ja zu dem sagen, was Sie zu entscheiden haben? Fangen Sie gleich heute an! Sie werden sehen, wie Sie von Tag zu Tag immer stärker werden.

Frauen richten sich viel zu sehr nach dem Partner. Wenn sie von Freunden gefragt wird, ob sie zu einer Party mitkommt, dann antwortet die anhängliche Freundin: „Ich weiß noch nicht, ich glaube, mein Freund kommt dann wieder aus den Ferien zurück." Oder: „Ich muss zuerst meinen Freund fragen, ob er für diesen Tag auch etwas mit seinen Freunden geplant hat. Dann würde es gehen. Sonst werde ich mit ihm den Abend verbringen." Mit diesem Verhalten werden die besten Freundinnen im Regen stehen gelassen. Würde das ein Mann mit seinen Freunden machen? Nein, niemals! Ein Mann schaut viel eher auf sich selber. Möchte er etwas mit Freunden trinken gehen, dann macht er das auch, ohne seine Partnerin zuerst fragen zu müssen. Solche Frauen beziehen ihren Partner zu sehr in

Entscheidungen mit ein, die sie selber treffen sollten, das gibt dem Mann immer mehr Macht über sie. Und weil die Frauen es so handhaben, verlangen sie von ihm das Gleiche. Er soll es also auch zuerst mit ihr absprechen, bevor er ein Treffen mit Freunden zusagt, sonst ist sie enttäuscht und fühlt sich ungeliebt. Dieses engt einen Mann ein und er zieht sich immer mehr zurück. Die Frau ist nicht mehr interessant und geheimnisvoll, sondern sie wirkt bedürftig auf ihn, so wird schlechtes Verhalten ihr gegenüber geradezu herausgefordert. Eine Frau, die spannend ist, sagt bei einer Einladung zu, solange sie noch keine andere Verabredung hat, und hält keine Abende frei nur für den Fall, dass der Partner sie noch nach einem Treffen fragt. Lassen Sie einander Freiheit!

Er macht Schluss

Wenn er gehen möchte, dann lassen wir ihn gehen, wünschen ihm alles Gute und freuen uns auf einen neuen Lebensabschnitt. Wir geben ihm diesen Abstand ohne großen Kommentar und ohne ihm etwas vorzuwerfen. Vor ihm bleiben wir so neutral und sachlich wie möglich, als würden wir über einen geschäftlichen Vertrag verhandeln. Können Sie einen Satz ohne Vorwurf formulieren? Das fällt nämlich den meisten schwer. Der Satz lautet dann: „Respekt in einer Beziehung ist mir sehr wichtig." Der vorwurfsvolle Satz lautet: „Du bist total respektlos mir gegenüber!" Denken wir voller Hass an den Ex, der uns doch so verletzt hat, dann zerfrisst uns das selber. Betrachten Sie es aus einem anderen Winkel, sehen Sie es als eine Erfahrung, die Ihnen zeigt, wo Sie sich verbessern können. Wenn Sie sich nicht als Opfer und ihn als Täter sehen, dann sind Sie frei für etwas Neues. Und das fühlt sich total gut an. Das klingt nach Spaß. Wer einen guten Abgang macht, bleibt in guter Erinnerung, muss sich selbst nicht mit Wut, Aggression, Machtkämpfen und schlussendlich mit Enttäuschungen herumschlagen, man ist frei für ein neues schönes Leben, für eine neue aufregende Beziehung. Somit kann man an die Fülle des Universums glauben. Der Optimismus für eine gute, schöne Zukunft kehrt wieder zurück.

Sie verschwinden von der Erdoberfläche, lassen nichts mehr von sich hören. Die Traumfrau nimmt sich genau zwei Tage, um sich zu verkriechen und traurig zu sein, dann konzentriert sie sich aber wieder auf die schönen Dinge in ihrem Leben. Nach einer Trennung sind wir natürlich oft mit einer Vielzahl unangenehmer Emotionen wie Wut, Traurigkeit und Leere konfrontiert. Wegen solcher Emotionen glauben viele, sie hätten versagt. In der Folge kommen Zweifel auf, vor allem die Verlassenen oder Betrogenen halten sich für nicht liebenswert, nicht attraktiv genug und der Liebe unwürdig und sie konzentrieren sich mehr auf die eigenen Schwächen. Solche Gefühle führen dazu, dass man sich selbst abwertet und man immer unfähiger wird, die eigenen Charakterstärken und seine eigene, einzigartige Persönlichkeit zu erkennen und wertzuschätzen. Die Abwärtsspirale gewinnt die Überhand mit selbstmitleidigen Gedanken wie: „Mich will ja eh keiner." Nun, wie kommt man aus dieser Abwärtsspirale wieder raus? Schreiben Sie doch mal zehn Ihrer Eigenschaften auf, die Sie toll finden, und sagen Sie sie mehrmals am Tag vor sich hin. Sie werden merken, Ihre Laune und die Art, wie Sie über sich selbst denken, werden sich verbessern. Und treffen Sie sich mit Leuten, die Sie mögen, mit denen Sie lachen können und die Ihnen ein gutes Gefühl geben.

Betrachten Sie Ihre Situation aus einer optimistischen Perspektive. Durch die Umstände werden Sie zu einer Neuorientierung gezwungen, es kann aufregend und schön sein, wieder etwas Neues zu beginnen und das Alte hinter sich zu lassen. Wenn wir uns aber am Alten festhalten, blockieren wir uns, wir bleiben im alten Konflikt hängen. Man muss lernen, sich selbst zu genügen, dann werden Sie immer glücklicher mit Ihrem Leben. War es bislang wichtig für Sie, eine Partnerschaft aufrecht zu erhalten, so gilt es jetzt, diese wieder aufzugeben. Die Weiterentwicklung der eigenen Persönlichkeit tritt als neue Herausforderung an uns heran. Es blüht ein neues Leben auf; freuen Sie sich darauf, dass es darin wieder frischen Wind gibt.

Es gibt zwei Möglichkeiten, wie wir mit einer Trennung umgehen können:

Die Happy-Show

Merkmale:

Raus gehen und in der Öffentlichkeit sicherstellen, dass Sie fröhlich erscheinen und ausgezeichnet aussehen. Sich feiern lassen und von Tag zu Tag anziehender und glücklicher aussehen. Und die Partyfotos auf Internetportalen posten.

Ziel:

Sich selbst in eine bessere Stimmung bringen. Dem anderen zeigen, was er verpasst und dass er keine Bessere finden wird.

Erfolgschancen:

Sehr gut, mit etwas Glück sieht der Ex ein, was er verloren hat und bettelt um ihr Herz – oder noch besser: Weil Sie so glücklich wirken, ziehen Sie ganz viele Männer an.

Die Trauer-Show

Merkmale:

Leichte bis schwere optische Verwahrlosung, sich zurückziehen und mit einem traurigen Gesicht herumlaufen. Gefangen in Selbstmitleid.

Ziel:

Der ganzen Welt zeigen, was für ein armes Ding Sie sind, um damit Mitleid zu erwecken und getröstet zu werden.

Erfolgschancen:

Sehr schlecht, der Ex-Partner wird jetzt endgültig Reißaus nehmen. Und jemand anderen ziehen Sie damit auch nicht an.

Herzschmerz ist nur eine Form des Selbstmitleides. Sind wir beschäftigt und glücklich, haben wir weniger oder gar keine Zeit für ein gebrochenes Herz. Falls Sie ihren Ex-Freund immer noch lieben, ist **kein Kontakt** mit ihm der einzige Weg, ihn zu vergessen und bei ihm die gute Erinnerung an Sie zu bewahren. Ein Mann reagiert eher angewidert, wenn er von der Ex-Freundin Anrufe und Mails bekommt, in denen sie ihm sagt, sie würde alles für ihn machen, wenn er ihr doch nur noch einmal eine

Chance gibt. Ein Mann nimmt eine Frau nicht für voll, wenn ihr Leben ohne ihn nicht ausgefüllt ist. Vielleicht fühlt er sich am Anfang noch geehrt, aber später wird es ihn erdrücken, wenn sie nichts Besseres zu tun hat, als sich mit ihm zu beschäftigen und wenn sie aufgehört hat, ihr eigenes Leben zu leben! Sein männliches Ego wird zu groß, weil er weiß, sie würde ihm die Füße küssen, wenn er nur einen kleinen Wink in ihre Richtung macht. So etwas stößt einen Mann ab.

Heulen Sie sich **nie** bei seinem Freund aus, sagen Sie **nie**, wie sehr Sie sich doch wünschen, wieder mit ihm zusammenzukommen. Was auch immer Sie tun, handeln Sie neutral gegenüber dem Ex. Verschwinden Sie komplett aus seinem Leben. Als selbstbewusste Frau sollten Sie sich nicht in das Leben anderer Leuten drängen, in keinster Weise! Sie sind wertvoll und einzigartig, darum haben Sie es nicht nötig, Männern hinterherzujagen. Auf diese Weise wird er Sie nur in schöner Erinnerung haben und nicht als verzweifelte, hysterische, liebensdurstige Frau. Wenn Sie ihm früher immer hinterhergerannt sind, wenn er auf Distanz war, und Sie es heute mindestens einen Monat lang schaffen, nicht von sich aus mit ihm Kontakt aufzunehmen, dann verdienen Sie einen Preis für persönliches Wachstum und den Glauben an sich selbst, dass Sie einzigartig und wertvoll sind. Ja, ich meine es ernst! Machen Sie sich eine Freude, lassen Sie sich feiern oder schenken Sie sich selbst etwas, vielleicht ein schönes Kleid. Für bestandenen Prüfungen oder andere erreichte Ziele belohnen wir uns doch auch.

Behandeln Sie jeden Mann, mit dem es einmal eine Funkstille gab, in jedem Punkt wie einen neuen Anwärter, der nur zufällig in Ihre Umlaufbahn gekommen ist., Ganz genau wie bei den anderen Männern, die Sie zum ersten Mal treffen! Wenn überhaupt, muss er sich stärker bemühen als der Rest! Flirten Sie mit ihm und gehen Sie dann wieder auf Distanz. Seien Sie warmherzig, wunderbar, spielerisch und charmant. Bitte keine schwerfälligen Themen zulassen! Nach dem Treffen melden Sie sich nicht von sich aus, es ist besser, wenn er sich meldet, er muss Sie wieder neu erobern. Warten Sie ab und schauen Sie, was passiert, wenn Sie es ganz ihm überlassen. Manchmal verhelfen gerade Entfernung und Zeit einem Mann zur Erkenntnis, dass die Trennung der Fehler seines Lebens war.

Geben Sie ihm die Chance, Sie zu vermissen. Das ist die beste Art um herauszufinden, ob er es ernst meint. Rufen Sie nicht an und schicken Sie ihm keine SMS! Wenn er wirklich mit Ihnen zusammen sein will, wird er einen Weg finden und Himmel und Erde in Bewegung setzen, um herauszufinden, wie er Sie bekommen kann.

Eine Traumfrau rennt nie einem Mann hinterher, der sie nicht beachtet. Sie ruft ihn nie an und schreibt auch keine SMS.

Affirmation: Ich vergebe dir, du hast keine Macht mehr über mich. Ich bin frei!

Heiratsantrag

Ziehen Sie nicht mit einem Mann zusammen, wenn er keine Anstalten macht, Sie zu heiraten, außer Sie wollen selber auch nicht heiraten. Sie geben sonst zu früh zu viel von sich preis.

Bleiben Sie sich selbst treu. Wenn Sie eine feste Beziehung oder Heiraten möchten, geben Sie ihm die Chance, sich zu beweisen und zu bemühen. Ist er sehr verliebt in Sie und möchte Ihnen einen Heiratsantrag machen, sagen Sie nicht zu, bevor Sie schon mindestens über drei Monate mit ihm zusammen waren und Sie sich auch konsistent an einem Samstag oder Sonntag wöchentlich getroffen haben. Hat ein Mann am Samstag oder Sonntag Zeit, so ist er sicher ein Single und plant seine Freizeit für Sie ein.

Bevor Sie erwägen, einen Antrag zu akzeptieren, muss er einen Ring für Sie haben. Wenn Sie auch bereit sind, suchen Sie zusammen ein Datum für die Hochzeit! Nicht, dass Sie ewig seine Verlobte bleiben. Bitte kein zusammen Herumhängen ohne Ziel. Und geben Sie sich nur mit einem wertvollen Ring zufrieden! Schließlich müssen Sie ihn unter Umständen für lange

Zeit tragen. Oder wollen Sie immer zerknirscht daran erinnert werden, wie er Sie mit einem billigen Schmuckstück abgespeist hat? Je größer und teuer der Ring ist, umso deutlicher signalisiert er Ihnen und anderen seine Bereitschaft, seine Mittel zu teilen und dass Sie für ihn wertvoll sind. Auch wenn die Investition über seine Verhältnisse geht und er sich nur eine bescheidene Wohnung leisten kann, dürfen Sie sich ohne schlechtes Gewissen oder falsche Bescheidenheit nicht mit weniger zufriedengeben. Ein Ehering ist etwas, das speziell für Sie gekauft wurde, es ist eine öffentliche Manifestation, wie sehr er sie liebt und mit Ihnen zusammen sein will. Merken Sie sich immer, er muss *Sie* überzeugen! Wenn eine Frau ihren Mann zum Heiraten überzeugen muss, dann schlägt sie einen falschen Weg ein. Sie bekommt dann einen lahmen Heiratsantrag mit einem billigen Ring, weil er innerlich nicht richtig überzeugt ist. Der Mann denkt sich: „Ja, dann bringen wir es hinter uns und ich mach ihr halt einen Heiratsantrag, wenn ich ihr damit einen Gefallen tun kann und sie dann endlich zufrieden ist und Ruhe gibt."

Es gibt einer Frau ein besseres Gefühl, wenn sie jemanden hat, der sie beeindrucken will! Möchte er sie von sich aus heiraten, hat er das Gefühl, er müsse sie zunächst von sich überzeugen, und dass er sie zuerst verdienen muss und er es sich als würdig erweisen muss, um ihre Hand zu bitten. Machen wir das alles einfach für ihn und müssen wir ihn schon fast zwingen, einen Heiratsantrag zu machen, schmachten wir ihn an und können es kaum erwarten oder setzen wir ihn sogar unter Druck, indem wir vor unseren Eltern sagen, dass er immer noch keinen Antrag gemacht hat oder geben wir ihm das Gefühl, er könne alles von uns haben, dann ist es, wie wenn wir eine Nadel in einem Ballon stecken: Die Luft geht raus. Es ist enttäuschend, und zwar für beide. Wir merken innerlich, dass es nicht sein wahrer Wunsch ist und er es nur gemacht hat, weil es von allen Seiten her erwartet wurde. Wir versuchen dann erfolglos, ihn zu überzeugen, dass er das Richtige tat und er fühlt, wie die Schlinge um seinen Hals sich mehr und mehr zuschnürt, bis er fast keine Luft mehr bekommt. Ist es sein wahrer Wunsch, eine Frau zu heiraten, braucht sie ihn nicht zu überzeugen.

Eine Freundin und ich lernten zwei nette Männer kennen. Der eine (Sebastian) war ein sehr seriöser, zurückhaltender Mensch und der andere (Tobi) flirtete sofort mit mir, er tanzte mit mir und streichelte über meinen Rücken, machte viele Komplimente und kam mir immer näher. Plötzlich kam sein seriöser Freund dazwischen und flüsterte mir ins Ohr: „Er ist verlobt und wird in zwei Wochen heiraten." Ich erschrak und nahm sofort Abstand von ihm. Als er merkte, dass sein Geheimnis gelüftet worden war und ich kein Interesse mehr an ihm hatte, schaute er so niedergeschlagen und unglücklich drein, als wollte er es gar nicht und als käme er nicht mehr aus dieser aussichtslosen Situation heraus. Ich war geschockt, dachte mir, das kann doch nicht sein, man sollte doch überglücklich sein, wenn man bald heiratet, sonst stimmt etwas nicht. In unserer Kultur haben wir die Freiheit, den Menschen selber zu wählen, den wir heiraten möchten. Wahrscheinlich wurde es von ihm erwartet.

Genießen Sie es, wenn er viel investiert

Ein Mann möchte fürsorglich sein, darum genießen wir es ohne schlechtes Gewissen, wenn er uns einlädt.

Bietet ein Mann Ihnen das Beste an, den besten Platz, ein teures Restaurant, dann nehmen Sie es an. Im Gegenzug darf er sich an Ihrer tollen Gesellschaft erfreuen. Wir bringen Frische, Lebendigkeit und Magie in sein Leben. Heutzutage fühlen Männern sich nicht mehr so gebraucht, und das verwirrt sie. Dabei macht es jeden Mann glücklich, wenn er etwas für seine Liebste tun kann, schließlich definiert sich ein großer Teil seiner Männlichkeit dadurch, fürsorglich zu sein. Wenn seine Fürsorglichkeit nicht von der Frau gestoppt, sondern unterstützt wird, fühlen sich schlussendlich doch beide am wohlsten. Dieselbe Frau, die es ablehnt, wenn er ihr das Essen zahlen oder in den Mantel helfen möchte, jammert nach einer gewissen Zeit, er sei ihr gegenüber wenig aufmerksam. Nun, seine anfängliche Aufmerksamkeit wurde von ihr, weil sie emanzipiert ist und alles auch alleine kann und keine Hilfe annehmen möchte, gestoppt und er hat resigniert.

Ein Mann hat das Gefühl, wenn er Sie einlädt, ist es der Preis dafür, mit Ihnen zusammen sein zu dürfen und dass es sich lohnt, etwas für Sie zu investieren. Sie dürfen sich geehrt fühlen und glücklich sein, statt Gewissensbisse zu haben. Sie sind es wert. Wenn Sie es nicht zulassen geben Sie ihm das Gefühl, Sie seien es nicht wert. Also: *Er* reißt sich ein Bein für Sie aus, er gibt alles. *Sie* lehnen sich „einfach" zurück und genießen es.

Ferien, die länger als eine Woche gehen, sind ein wahrer Beziehungskiller. Am Anfang einer Beziehung reicht ein Wochenende völlig aus, und bitte nur getrennte Zimmer! Jede Frau braucht Rückzugsmöglichkeiten, um mal verschnaufen zu können und um aus den High Heels zu schlüpfen und Flipflops anzuziehen, um danach wieder einen glanzvollen Auftritt hinzulegen.

Fühlen Sie sich nicht schlecht oder zu etwas verpflichtet, wenn er auf Ihren Wunsch separate Hotelzimmer buchen muss. Später, wenn sich die Beziehung gefestigt hat, können Sie die ganze Zeit zusammen einschlafen und das Zimmer teilen! Reagiert er verwundert, erklären Sie einfach, dass Sie noch etwas Zeit brauchen und es langsam angehen möchten. Entschuldigen Sie sich aber nicht. Er wird sicher enttäuscht sein, vielleicht reagiert er sogar wütend, weil er es sich in seiner Phantasie erhoffte, mit Ihnen Sex zu haben. Schließlich hat er doch schon so viel in die Übernachtung und Reise investiert. Bleiben Sie aber trotzdem konsequent, dann wird er großen Respekt von Ihnen haben und Sie auch so behandeln. Denn darum geht es ja auch: Sie wollen eine glückliche Partnerschaft mit einem Mann, der Sie gut behandelt. Er bevorzugt es, Sie als eine Herausforderung zu sehen. Das ist besser als die Nachgiebige zu sein, die mit ihm in einem im Voraus gebuchten gemeinsamen Bett schläft, nur um ihn nicht zu verärgern, aber sich selbst unwohl fühlt.

Gibt ein Mann viel Geld für uns aus, müssen wir uns im Gegenzug nicht verpflichtet fühlen, für ihn auch viel zu investieren. Im Gegensatz zu uns Frauen ist es für einen Mann unwichtig, wenn seine Partnerin für ihn wenig Geld ausgibt. Darum machen Sie ihm auf keinen Fall teure Geburtstagsgeschenke. Sonst hinterlassen Sie den Eindruck, als müssten Sie ihn mit kostspieligen Geschenken von sich überzeugen. Eine Frau muss nicht um einen Mann werben. Eine Geburtstagskarte reicht völlig aus, wenn Sie mit ihm erst bis zu drei Monate zusammen sind, und ein sehr kleines Geschenk, wenn Sie mit ihm länger zusammen sind.

Lernen Sie es zu genießen, wenn ein Mann für Sie Geld ausgibt. Bezahlt er das separate Hotelzimmer für Sie, müssen Sie sich nicht sorgen, es könnte billiger für ihn sein, wenn Sie das Zimmer doch mit ihm teilen. Es vermittelt ihm das Gefühl, er müsse um Ihre Aufmerksamkeit kämpfen und sich um Sie bemühen. Hat er einen guten Charakter, wird er liebevoll mit Ihnen umgehen und Sie wie eine Prinzessin behandeln. Irgendwie ist es aufregend, weil er das Zimmer nebenan hat und bei Ihnen klopfen muss, wenn er mit Ihnen ausgehen möchte. Teilen Sie das Zimmer, wird es sehr gewöhnlich, wie in einer langjährigen Beziehung. Gibt er viel für Sie aus, erhöht sich Ihr Wert für ihn. Bucht und bezahlt er das separate Hotelzimmer, auch wenn Sie noch keinen Sex mit ihm hatten, wird er das Gefühl haben, dass er mit der außergewöhnlichsten und wertvollsten Frau, die er kennt, diese Ferien verbringen darf. Das gibt ihm ein tolles Gefühl und er ist überaus dankbar. Möchte er billig davonkommen, kein Geld für Sie ausgeben und die Kosten teilen, aber dafür alles von Ihnen haben, so bedeutet dies, er ist nicht der Mann, mit dem Sie für den Rest Ihres Lebens zusammen sein wollen, oder? Das ist also auch ein radikales und effizientes Testinstrument, um den Falschen gleich auszusieben.

Sagen Sie sich immer wieder, Sie sind eine großartige Frau, anders als alle anderen, Sie haben das Beste verdient und die guten Dinge kommen von selbst. Weil Sie das ausstrahlen, wird er selber glauben, dass Sie das Beste verdient haben.

„Ich lade dich ein, mit mir nach Italien zu kommen." „Ja gerne, wo übernachten wir?" „Ich buche in meinem Lieblings-Hotel ein Zimmer für uns." „Nur ein Zimmer? Ich brauche meine Privatsphäre. Tut mir leid, aber ich kann nur mitkommen, wenn ich ein Einzelzimmer habe."

Anderes Beispiel: Sie kuscheln zusammen in seinem Haus auf dem Sofa, er sagt: „Jetzt ist es aber schon spät, du kannst gerne hier übernachten.“ Sie sagt: „Okay, du hast ja sicher ein Gästezimmer.“

Sie können meine Tipps auch anwenden, wenn Sie mitten in einer Beziehung sind und es vorher noch nicht getan haben. Sie werden merken, wie schnell sich die Beziehung zum Positiven verändert.

Belohnung für die Einhaltung der Geheimtipps

- Durch meine Tipps lernen Sie, sich selber zu lieben. Sie strahlen Stärke aus und ziehen dadurch auch starke Männer an.
- Sie halten sich fern von Männern, die Sie nicht beachten, schlecht behandeln oder die ihr Leben nicht auf die Reihe kriegen.
- Durch Ihre positive Ausstrahlung haben Sie mehr Fans. Nicht nur Männer, sondern das ganze Umfeld reagiert positiv auf Sie, und Sie werden sogar von anderen Frauen bewundert und mehr Komplimente bekommen.
- Sie haben mehr Zeit für sich.
- Sie sind dadurch eine Traumfrau, die Männer liegen Ihnen zu Füßen, Sie werden voller Respekt behandelt und umsorgt.
- Sie wissen mit der Zeit genau, was Sie möchten, und richten Ihre Ziele danach aus.

Falls Sie jemals Bedenken haben meine Tipps zu befolgen, lesen Sie diese Liste nochmals durch.

www.liliane-wagner.com

Die Autorin

Liliane Wagner wurde 1980 in Zürich geboren. Nach dem Studium der Psychologie eröffnete sie ihre eigene Praxis. Durch ihre Arbeit konnte sie schon vielen Menschen helfen, aus alten Verhaltensmustern auszubrechen und eine neue, positivere Einstellung zu entwickeln, ganz besonders bei Beziehungsproblemen.